L'ARTE DELLA GUERRA NELLA VITA QUOTIDIANA

SUN TZU
e
BRUNO BALLARDINI

L'ARTE DELLA GUERRA NELLA VITA QUOTIDIANA

PIEMME*ora*

Il testo integrale di Sun Tzu, *L'arte della guerra* viene proposto in appendice nella nuova traduzione di Bruno Ballardini.

Redazione: *Edistudio, Milano*

ISBN 978-88-566-3877-6

I Edizione 2013

Anno 2014-2015-2016 - Edizione 1 2 3 4 5 6 7 8 9 10

1

PERCHÉ ABBIAMO ANCORA BISOGNO DI LEGGERE *L'ARTE DELLA GUERRA*

Una saggezza insuperata

Ci sono libri che continuano a dimostrarsi utili anche molti secoli dopo essere stati scritti. Questi libri sono più preziosi degli altri perché contengono il distillato di un'esperienza pratica che ha potuto essere verificata per migliaia di anni.

Sulla strategia bellica sono stati composti diversi trattati in Oriente, ma tutti fanno riferimento, più o meno diretto, a un testo più antico: *L'arte della guerra* di Sun Tzu. I motivi del suo successo e della sua incredibile longevità si possono attribuire al fatto che la sua saggezza resta insuperata. Inoltre, leggendolo in una prospettiva diversa, capace di astrazione, si può scoprire quanto i suoi insegnamenti siano princìpi universali e, quindi, applicabili in tutti i campi e in tutte le situazioni della vita personale e sociale, ovunque ci sia un conflitto. Perché il conflitto è parte integrante della nostra vita, è dentro di noi e intorno a noi.

Tra i primi in Occidente ad aver applicato i suggerimenti di Sun Tzu, secondo gli studiosi, vi fu Michail Illarionovic Kutuzov, il generale che contrastò l'invasione della Russia da parte di Napoleone, nel 1812. Anche Thomas Edward Lawrence, alias Lawrence d'Arabia, che ebbe un ruolo di primo piano nella rivolta araba del 1916, utilizzò le strategie de *L'arte della guerra* riuscendo a organizzare persino le tribù dei beduini contro l'impero turco.

Dopo le varie edizioni del testo che si susseguirono in Occidente, tutti gli apparati militari europei ebbero modo di apprezzarne il genio strategico. I cinesi ne facevano tesoro da sempre e, nonostante l'apparente rogo delle vestigia della cultura imperiale operato dalla Rivoluzione Culturale, furono gli stessi Mao Tse-tung e Lin Piao a seguirne alla lettera i princìpi nella guerra cino-giapponese e in quella contro i nazionalisti di Chiang Kai-shek. Così come Ho Chi Minh e il generale Vo Nguyen Giap in Vietnam diedero gran filo da torcere ai francesi e agli americani, prima che gli americani stessi cominciassero a loro volta a studiare Sun Tzu nelle accademie militari.

In tempo di pace, dagli anni Settanta in poi, *L'arte della guerra* ha conosciuto la più grande diffusione, diventando ben presto un testo di riferimento anche per il marketing. Mark McNeilly, top manager dell'IBM, ha pubblicato nel 1996 *Sun Tzu and The Art of Business*, dando il via a una serie infinita di manuali di questo genere. Quella di Sun Tzu è una saggezza alla portata di tutti. Anche i nostri politici, studiando Sun Tzu, trarrebbero insegnamenti preziosi che andrebbero a vantaggio del bene comune, come l'avrebbe inteso un confuciano all'epoca in cui questo libro fu scritto, governando in modo retto e creativo. Invece, quando i nostri politici usano qualche rozza forma di strategia è solo per ottenere convenienze personali, disinteressandosi totalmente al "buon governo".

I giapponesi tengono da sempre in gran conto le perle di Sun Tzu, perché hanno sostenuto la loro crescita nel dopoguerra. Così fanno anche i cinesi, che hanno portato la Cina a diventare la più grande potenza mondiale del nuovo millennio. E noi cosa possiamo fare? Se vogliamo salvarci dalla crisi incombente, ma anche soltanto migliorare la qualità della vita nell'immediato, possiamo certamente attingere qualcosa da questo scrigno di saggezza.

Sun Tzu, chi era costui?

L'arte della guerra è un trattato militare attribuito a un generale di nome Sun Tzu (cioè "Maestro Sun", in cinese 孫子; Pinyin: Sūnzǐ; Wade-Giles: Sun Tzu), oppure anche Sun Wu. Il leggendario personaggio – vissuto tra il 544 e il 496 a.C. – sarebbe stato al servizio di Helü, re dello Stato di Wu. Il problema della paternità di quest'opera resta però ancora aperto. Grazie al ritrovamento di una copia su listelli di bambù, risalente al III secolo a.C., e rinvenuta nel 1972 a Linyi Yinqueshan, nella provincia dello Shandong, in una tomba della dinastia Han, gli studiosi sostengono oggi che la stesura del testo possa essere attribuita con tutta probabilità a trascrittori successivi a Sun Tzu. Uno degli indizi decisivi è nel fatto che tutti i capitoli dell'antico trattato iniziano con la formula «Sun Tzu disse».

Gli studi più recenti indicano che l'opera avrebbe visto la sua forma definitiva nel periodo detto dei "Regni Combattenti" (453-221 a.C.), quando la Cina era martoriata da continui conflitti fra i sette Stati in cui era divisa, ciascuno dei quali mirava alla supremazia. Il libro fa quindi tesoro dell'esperienza di mille battaglie e ha dato un tale contributo alla pace e all'unificazione del Paese al punto da venire semplicemente e comunemente denominato "Sun Tzu". Se non è stata una sola persona a scriverlo, almeno una cosa è certa: Sun Tzu si è guadagnato sul campo l'immortalità arrivando fino a noi. In questo senso il generale potrebbe essere definito "più immortale" dei famosi Otto Immortali del pantheon taoista, dato il successo e la longevità della sua opera.

Che cos'è *L'arte della guerra*?

Nel 1772 il padre gesuita Jean-Jacques Amyot tradusse in francese un breve trattato cinese di strategia composto da 5000 caratteri. La cosa non fece molta notizia all'epoca, e si dovette attendere l'inizio del XX secolo per avere una maggior circolazione dell'opera grazie a una versione tedesca e a una inglese, che ne determinarono il grande successo in Occidente. Il suo titolo era *Bing Fa*, ovvero *L'arte della guerra*. Il testo, diviso in 13 capitoli, prende in esame le variabili in gioco e come un esercito debole possa batterne uno forte, anticipando le tecniche della guerriglia. Grande risalto viene dato anche a quell'insieme di tecniche definite oggi come "PSYOPS" (*Psychological Operations*), che vanno dalla propaganda a tutte le azioni tese a modificare l'atteggiamento del nemico o dei suoi alleati preparando il terreno per un'avanzata più efficace. Nell'ultima parte c'è perfino la prima vera trattazione sistematica dell'uso dello spionaggio a fini strategici, precorrendo di parecchi secoli tutta la teoria dell'*intelligence*.

Con la guerra in Iraq tutti abbiamo potuto constatare quanta importanza rivesta l'uso delle spie nel *warfare* moderno. Anzi, si può dire che il conflitto in Iraq e quello successivo in Afghanistan siano stati gestiti dagli apparati spionistici di tutti i Paesi. Il motivo di ciò è esattamente lo stesso per cui esiste lo spionaggio industriale e cioè, seguendo i princìpi di Sun Tzu, evitare per quanto possibile spargimenti di sangue e guadagnare un vantaggio competitivo sull'avversario tale per cui la propria azione possa essere conclusiva.

La filosofia di fondo

L'arte della guerra è espressione del taoismo, dottrina filosofica che, insieme al confucianesimo, costituisce il patrimonio di sapienza che la Cina ha donato all'umanità a partire dalla seconda metà del primo millennio avanti Cristo. Le due dottrine si sono intersecate per secoli, confermandosi o contestandosi a vicenda più volte, con una mirabile alternanza in cui soltanto i cinesi potevano riuscire a non creare mai contraddizione. La differenza è che il confucianesimo fissa modelli a cui ispirare tutte le virtù morali nelle relazioni sociali e politiche, mentre il taoismo si oppone con forza a regole e modelli e si ispira direttamente alla spontaneità della natura. Il taoismo insegna anzitutto un modo per entrare in relazione con la realtà. La sua influenza è stata molto profonda nei secoli. Mescolandosi in seguito con il buddhismo ha dato vita alla scuola *Ch'an* (Zen), e i suoi testi più importanti, scritti da Lao Tzu e Chuang Tzu, sono arrivati a ispirare persino artisti e filosofi del Novecento.

Da dove viene il famoso simbolo del Tao, il cerchio formato da due spirali – una bianca e una nera – che si avvolgono fra loro? Secondo la leggenda popolare, una volta un saggio cinese sedette in meditazione di fronte a uno stagno. Improvvisamente fu distratto da qualcosa che si muoveva sotto il pelo dell'acqua. Si trattava di due girini – uno bianco e uno nero – che si rincorrevano in cerchio creando un piccolo vortice. Il saggio ebbe un'illuminazione: in quel movimento, in quel costante avvicendamento fra il girino bianco e il girino nero, vide ciò che dà origine all'universo, ovvero la continua alternanza fra princìpi opposti. Così volle disegnare i due girini, rappresentando con uno lo Yin, principio femminile, e con l'altro lo Yang, principio maschile, inscrivendoli in un cerchio che rappresenta *Wu-Chi*, il vuoto originario. Il Tao è ciò che comprende tutto questo e la sua essenza è il perpetuo movimento, la continua trasformazione, così come descrive mirabilmente un capolavoro eterno della filosofia taoista come il *Tao Te Ching* di Lao Tzu, e come insegna anche l'antichissimo *I-Ching*, il *Libro dei mutamenti*, risalente alla dinastia Zhou (II secolo a.C.). Per questo motivo è un errore interpretare i princìpi di Sun Tzu come fossero rigide regole. Questo libro non potrebbe nemmeno esistere se volesse fornire soluzioni pronte per tutte le situazioni come tanti manuali. Invece, viene per così dire "fotografata" solo l'ultima possibile risposta strategica a un conflitto, quando tutte le condizioni sono maturate, ma potrebbe essere anche la prima cui sicuramente dovrà seguirne un'altra e un'altra ancora, fino al raggiungimento della vittoria. Anche la vittoria dovrebbe essere intesa in senso "relazionale", come un ritorno all'armonia dell'inizio, di cui potranno tornare a beneficiare tutti. Il pensiero occidentale, viceversa, s'illude spesso che le soluzioni e i cambiamenti possano essere durevoli: la rigidità che ne consegue porta a essere impreparati ai cambiamenti o a riuscire, al massimo, ad affrontarne uno per volta.

Sun Tzu era un profondo conoscitore del mondo e sapeva bene che viviamo in una realtà "liquida", come direbbe oggi Zygmunt Bauman, in costante mutamento. E l'unico modo per gestire il mutamento è quello di accoglierlo conformandoci alla verità del Tao.

Come mettere in pratica la filosofia di Sun Tzu

Il mondo in cui viviamo sta diventando ogni giorno più conflittuale. Questo è un dato di fatto che non si può spiegare soltanto con la solita teoria della "sovrappopolazione", teoria che ha sempre qualcosa di sospetto a seconda di chi la riesuma, perché sembrerebbe voler giustificare a tutti i costi la guerra.

Anche la crisi economica è una condizione di lotta, di battaglia. E oggi, forse, anche un fattore scatenante di conflitti. Tuttavia, occorre cercare più a monte i fattori che causano il clima di tensione e violenza in cui siamo immersi. Sono i nostri modelli culturali: le merci divenute feticcio, i modelli effimeri creati dalla società dello spettacolo e lo sviluppo esponenziale della forza dei mezzi di comunicazione e dei social networks, che permette di venire in contatto con opinioni molto diverse, e sovente divergenti dalle nostre. Questi tre fattori producono uno stato di costante infiammazione del tessuto sociale e la conflittualità che ne deriva è soprattutto una tensione fisiologica volta al ripristino dell'equilibrio perduto. Per questo spesso ci troviamo in guerra senza nemmeno sapere perché. Reagiamo automaticamente alle aggressioni senza concederci il tempo di formulare una strategia. Eppure, a pensarci bene, la maggior parte di queste situazioni è causata dalla nostra disattenzione, dal fatto che dedichiamo scarsa attenzione all'altro, al campo di battaglia in cui di volta in volta ci troviamo ad agire. L'altro fattore scatenante è che conosciamo poco di noi stessi e dei nostri limiti. Anche per questo, oggi più che mai, è utile studiare *L'arte della guerra*.

Per cogliere la profondità dell'antico trattato e attingere appieno alla sua saggezza occorrono due chiavi di lettura. Una consiste nell'allargare il concetto di "conflitto" fino a includere, oltre alle aggressioni e alle sfide, tutto ciò che ci capita all'improvviso e ci costringe a rimetterci in gioco. I conflitti fra persone nascono per i più svariati motivi: discordanze d'interessi e di obiettivi, lotta per il potere o per il prestigio nel proprio ambiente, mancanza di comunicazione o distorsione del contenuto di messaggi, fino alla nascita di equivoci che diventano motivo scatenante di dispute o di invasione del nostro spazio fisico e psicologico. Ci sono a volte ottiche diverse, scarso riconoscimento dei ruoli, sentimenti e bisogni opposti che possono degenerare in lotte sotterranee o palesi.

Sun Tzu ci insegna che dobbiamo avere una visione allargata dei conflitti includendo fra questi anche i cambiamenti repentini che spesso la vita ci impone, verso i quali tendiamo a opporre strenua resistenza. In tali frangenti siamo noi stessi la causa del conflitto. Vedere il mondo come "ingiusto" e il nostro destino come "infame" è sintomo di una mancata presa di coscienza dello stato delle cose e del ruolo che abbiamo avuto nella nostra stessa rovina. Un'altra chiave fondamentale che suggerisce il grande stratega è avere sempre una visione d'insieme del conflitto, e non considerare solo noi stessi. Ci sono sempre più elementi in gioco: c'è un territorio, ci sono alleati, insomma molte variabili che, tutte insieme, mettono in circolo un'energia potenziale (lo *Shih*) che può essere per noi favorevole o sfavorevole. Nel caso giochino a nostro sfavore, sarà necessario lavorare sulle singole variabili per modificare le condizioni generali e volgere l'energia a nostro favore.

Altri testi orientali sulla stessa lunghezza d'onda

Ci sono altri testi orientali che hanno fatto storia nel campo della strategia traendo spunto da *L'arte della guerra*. Ad esempio, i *Metodi militari* di Sun Pin, che rappresenta uno sviluppo successivo del libro di Sun Tzu. Poi, i *36 stratagemmi*, di autore ignoto, libro di cui si è venuti a conoscenza solo dopo la fine del regime maoista, ma che ancora oggi fa parte dei testi di base per la formazione dei quadri dirigenti cinesi. Più importante di tutti è il *Gorin no sho* (il *Libro dei cinque anelli*) scritto da un leggendario spadaccino vissuto a cavallo fra il XVI e il XVII secolo in Giappone, Miyamoto Musashi. Il più grande samurai della storia esordì con il suo primo duello mortale a soli tredici anni, mentre a sedici prese parte alla famosa battaglia di Sekigahara dove per la prima volta venne sconfitto. Per reazione cominciò una vita di guerriero errante alla ricerca di nuove sfide e a cinquant'anni, dopo aver sostenuto e vinto sessanta duelli all'ultimo sangue, si ritirò per coltivare le lettere, la pittura e la meditazione. In quest'ultimo periodo scrisse il suo libro, un capolavoro che tratta del confronto a due, il duello. La memoria di questo personaggio storico e le massime che scrisse dopo una vita intera passata a combattere sono ancora ben vive nella cultura giapponese. Feci questa scoperta una delle prime volte che mi recai in Giappone, all'inizio degli anni Ottanta, quando mi fu presentato un manager di una grande casa editrice, la Shinchosha Publishing. Per caso notai che teneva in tasca un minuscolo libro, come una sorta di breviario. Era il trattato di Musashi. Da bravo ex insegnante di karate, l'avevo già letto senza dedicargli tutta l'attenzione che meritava, relegandolo nella mia biblioteca fra i testi storici che i praticanti leggono più per obbligo che per reale interesse. Confesso che salendo in ascensore fino agli ultimi piani di un grattacielo super tecnologico nel centro di Tokyo non mi sarei mai aspettato di trovarmi davanti un samurai. Perché il signor Iida, il mio ospite, non solo leggeva Musashi ma applicava ogni giorno i suoi princìpi.

La conversazione proseguì a cena e, da quanto appresi, questo "vezzo" era assai diffuso fra i quadri e i dirigenti di molte aziende giapponesi. Non avrei mai immaginato che i segreti di uno spadaccino potessero essere applicati nel campo del lavoro e nella vita di tutti i giorni. Fu allora che cominciai a capire che la struttura dei comportamenti nella società giapponese non è poi cambiata di molto dall'epoca medievale a oggi. Qualunque confronto, dialogo, e gli stessi rapporti sociali, sono concepiti come un duello e in questa logica prevedono l'osservanza di regole formali rigidissime. Perfino lo scambio di biglietti da visita, che nel business precede sempre qualunque dialogo o trattativa, equivale all'uso di dichiarare il nome della propria casata di appartenenza prima di iniziare il duello. Non tutti i giapponesi oggi leggono Musashi, così come non tutti i cinesi leggono Sun Tzu. Tuttavia, se questi libri hanno ancora un enorme seguito presso le classi dirigenti dei Paesi dell'Estremo Oriente, un motivo ci dovrà pur essere.

Cosa non abbiamo capito dell'Oriente

Molti commenti a *L'arte della guerra* di Sun Tzu pubblicati in Occidente partono da un presupposto errato, e cioè che tutto ciò che attiene alla guerra debba necessariamente risolversi in una vittoria o in una sconfitta. Si tracciano parallelismi forzati mischiando, ad esempio, al testo cinese citazioni tratte da Carl von Clausewitz per il quale la guerra è «un atto di violenza con lo scopo di imporre all'avversario la nostra volontà». E questa, in fondo, è la sintesi di tutto il pensiero occidentale sul tema del conflitto. Così si riduce tutto a una superficiale semplificazione e il povero Sun Tzu viene interpretato, suo malgrado, in modo occidentale. Certo anche in questo libro si parla di guerra, quella convenzionale fra eserciti, ma la filosofia che ispira l'autore è il taoismo e, dunque, la guerra presuppone da parte di chi la fa una visione più complessiva dell'ordine delle cose, necessaria a ristabilire l'armonia. Per Sun Tzu non è affatto necessario combattere, arrivare allo scontro per vincere una guerra: «sottomettere il nemico senza combattere è la più grande vittoria[1]». È questo il senso di un passo fra i più fraintesi: «Non ho mai visto condurre

[1] Sun Tzu, *L'arte della guerra*, III, 3. La traduzione delle citazioni e del testo integrale in appendice è di Bruno Ballardini. Tutti i rimandi di nota si intendono riferiti a *L'arte della guerra*, quando non indicato diversamente.

una guerra a lungo nel tempo e trarre vantaggio da questo[2]». Fare la guerra non conviene a nessuno, tutti abbiamo molto da perdere. È questo l'insegnamento più profondo della filosofia orientale, il senso che sfugge ormai perfino agli stessi cultori delle arti marziali: la deriva sportiva che queste discipline hanno subito oggi le ha riportate, drammaticamente, all'interno della logica occidentale di vittoria-sconfitta, quando invece il loro fine ultimo era educare all'armonia con se stessi e con gli altri, evitando nel modo più assoluto conflitti e competizioni.

Esistono quindi due visioni del conflitto diametralmente opposte. Nella prima uno vince e l'altro perde. È la logica occidentale. Noi non riusciamo a immaginare nessuna alternativa a questo schema: abbiamo ideologie, religioni, concezioni di vita o anche soltanto esigenze che pretendono di prevalere su quelle degli altri. Poi c'è un'altra visione, quella per cui si vince in due, ovvero la vittoria ristabilisce un equilibrio. L'arte cinese della strategia agisce sul contesto, non direttamente sull'avversario. E può perfino ripristinare l'armonia fra le parti, come auspicano anche le più recenti teorie del marketing. Ovviamente Sun Tzu si occupa dei casi in cui lo scontro è inevitabile. Riguardo a ciò la sua economia è preziosa: massima efficacia con il minimo impiego di risorse. Tutta la sua filosofia ruota attorno all'idea di preparare la vittoria prima, mai di cercarla all'ultimo momento sul campo di battaglia. Quando si arriva a combattere con la violenza, ormai è troppo tardi.

Tutti abbiamo in mente le rappresentazioni cinematografiche della vittoria come risultato di un attacco finale, eroico, sferrato all'ultimo momento e in condizioni dispe-

2 II, 7.

rate. Questa visione fantasiosa è quanto di più lontano ci possa essere dalle concezioni di Sun Tzu. Occorre agire solo quando si è certi di aver creato le condizioni per la vittoria. In questo senso, «un esercito vittorioso si è già assicurato la vittoria prima ancora di dare battaglia[3]». E il successo *accadrà* in modo naturale e spontaneo.

[3] IV, 14.

2

L'ARTE DELLA GUERRA CON SE STESSI

La battaglia con il nemico interiore

Il termine comando *si riferisce alla saggezza, alla rettitudine, al coraggio e alla severità del generale*[1].

C'è una guerra invisibile, continua, che si combatte ovunque ci troviamo, in un luogo inaccessibile eppure vicinissimo, contro un nemico che nessun altro può vedere. Da sempre, in Oriente, si dice che il peggior nemico che dobbiamo affrontare nella vita non è mai fuori di noi ma nell'interiorità: siamo noi stessi. È una visione che permea tutta la cultura orientale, dai grandi poemi epici indiani come il *Mahabharata* fino alla filosofia delle arti marziali tradizionali e moderne.

Praticando queste discipline, che in Oriente costituiscono da secoli uno dei cardini dell'educazione, ci si accorge ben presto che il combattimento è solo un pretesto per affrontare il nemico più difficile e infido, il proprio Io, l'ego, ovvero l'intelletto discorsivo. Quella "seconda persona" dentro di noi, con cui sovente ci troviamo a dialogare, che osserva e commenta continuamente tutto quello che facciamo e che ci impedisce di prendere facilmente decisioni sollevando un mucchio di dubbi e obiezioni. Oppure, se decide al posto nostro, di solito prende delle cantonate. Perché non tiene conto della nostra vera natura, ma si basa solo sulla paura, sul pregiudizio, su convenzioni, su

[1] I, 7.

visioni illusorie. Per far sì che il nostro esercito possa combattere con efficacia è necessario fare in modo che il *vero sé* assuma il comando. Sun Tzu ci esorta a coltivare la consapevolezza, l'equilibrio, la giustizia e il coraggio di essere arbitri severi di noi stessi.

Uno sguardo lucido su di sé

Abolisci la divinazione e le superstizioni e libera l'esercito dalle incertezze. Non avendo altri pensieri non temeranno nemmeno la morte[2].

Le armi di cui dispone il nostro nemico interiore sono terribilmente distruttive: manipolazione, induzione all'autoinganno e all'autosuggestione, instillazione del senso di colpa e della superstizione. L'ego dispone solo di pochi mezzi per auto-conservarsi e mantenere in noi l'autorevolezza. C'è un simbolo importante che ricorre nelle tradizioni della Cina e del Giappone antichi, e cioè lo specchio. Il suo significato è molto diverso da quello che gli attribuiscono gli occidentali. In Occidente lo specchio è inteso come "porta magica", che conduce a un'altra dimensione, significato presente in tutta la tradizione delle fiabe fino ad *Alice nel paese delle meraviglie*, e nella magia. Nella tradizione cinese, invece, lo specchio è inteso come simbolo di sincerità e nel taoismo in particolare è visto come portatore di buona sorte. La dea *Amaterasu-ō-mi-kami* ("Grande dea che splende nei cieli"), divinità centrale del culto giapponese shintoista, fu generata da uno specchio tenuto in mano da Izanagi, "Colui che invita", ovvero il Creatore. Lo specchio qui rappresenta l'immagine divina della luce solare e dell'intelligenza celeste che si riverbera sul mondo illuminandolo.

Per gli orientali lo specchio è anche simbolo della pu-

2 XI, 45.

rezza dell'anima e della mente. Nello Zen e nelle arti marziali, la mente deve raggiungere la quiete per poter essere sempre limpida come un lago calmo e poter riflettere il vero sé. Quando uno specchio d'acqua, improvvisamente, rivela il volto della luna, ci si rende conto che non erano le nubi a offuscarla, ma la superficie increspata delle onde. Occorre trovare quiete costantemente, lasciando scivolar via le nubi interiori, realizzando il vuoto mentale e coltivando uno spirito inamovibile. Una volta raggiunta questa condizione, non c'è nulla che non si possa fare. Lo spadaccino para l'attacco già nel momento stesso in cui l'avversario lo sta pensando, l'arciere colpisce il centro del bersaglio senza nemmeno guardarlo, il combattente di kung fu combatte a occhi bendati, il maestro di aikido percepisce l'arrivo di un colpo anche stando girato di spalle, come pure il maestro di cerimonia del tè compie il gesto giusto spontaneamente, nell'attimo esatto in cui è necessario, e senza pensare di farlo. I maggiori ostacoli allo stabilirsi di questa condizione interiore sono la distrazione, l'attaccamento alle cose che ci circondano e soprattutto la destabilizzazione, che possono produrre in noi le credenze, le false idee. Anche per il taoismo le superstizioni e la religione hanno lo stesso valore delle idee preconcette, sono soltanto schermi, comode stampelle cognitive con cui crediamo di poter prevedere il mutamento, ma in realtà impediamo a noi stessi di percepirlo e di accoglierlo. Sun Tzu consiglia di combattere la nostra abitudine a crogiolarci in vecchie convinzioni se non addirittura a cedere all'irrazionale. Il nostro esercito non può combattere in quelle condizioni, occorre pulire lo specchio da ciò che lo offusca. Dobbiamo noi stessi diventare quello specchio. Soltanto in questo modo il nostro *vero sé* potrà riflettere limpidamente la realtà. Pensiamoci. Anzi, riflettiamoci.

La valutazione delle proprie risorse

Il generale esperto sceglie i suoi uomini e stabilisce i loro compiti[3].

Prima di ingaggiare battaglia, dobbiamo conoscere noi stessi così bene da saper valutare fin dall'inizio se siamo in grado di raccogliere le sfide che ci lancia la vita. Ci sono due atteggiamenti molto diffusi nella nostra epoca che ci impediscono di valorizzare le nostre risorse e, prima ancora, di riconoscerle: il senso di inadeguatezza e il delirio di onnipotenza. La prima condizione, così ben descritta nel film *Habemus Papam* di Nanni Moretti, è una comprensibile reazione al peso dei ruoli che gli altri vogliono darci. In realtà, saremmo perfettamente in grado di adempiere a quei ruoli ma se non abbiamo ancora iniziato un dialogo con noi stessi non possiamo nemmeno essere consapevoli di quanto veramente valiamo e di che cosa siamo in grado di fare. Se invece, come nel film, conosciamo i nostri limiti, possiamo perfino decidere di rinunciare serenamente. È un atto liberatorio e di grande dignità che spesso non siamo in grado di fare per non dispiacere agli altri. Questo significa dipendere troppo dal giudizio degli altri e, in definitiva, avere scarsa stima di noi stessi. All'estremo opposto c'è un atteggiamento altrettanto diffuso, quello cioè per cui ci riteniamo capaci di fare qualsiasi cosa, di risolvere qualsiasi problema. È una

[3] V, 22.

convinzione talmente radicata che a volte non ci accorgiamo nemmeno di aver lavorato mediocremente e che quello che abbiamo realizzato non era il massimo possibile. Ciò accade solo dove c'è grande ignoranza e disonestà intellettuale.

In Italia questo atteggiamento è molto diffuso. Tutti sanno sempre tutto, sono esperti in qualsiasi campo: al bar sono tutti allenatori di calcio, parlando di politica nazionale o internazionale sono tutti grandi strateghi, oppure tutti critici di cinema avendo visto tutti i film che escono (e ci avvertono preventivamente su quelli che non dovremmo assolutamente vedere o ci raccontano la trama di quelli che dovremmo invece vedere), oppure hanno letto tutti gli ultimi bestseller di narrativa (che immancabilmente ci sciorinano), oppure sono tutti scrittori e hanno un romanzo nel cassetto. Ma all'occorrenza sono anche tutti ingegneri, tutti tecnici, tutti psicologi, tutti medici omeopatici, ecc. Insomma, nel nostro Paese chiunque si permette di darci consigli "professionali" su materie che conosce appena, con un millantato credito che è il risultato di un'abitudine a ritenersi superiori ignorando i propri limiti. Queste persone forse vogliono essere scelte da noi come punto di riferimento.

Sun Tzu invece ci indica l'unica cosa che possiamo fare, semplicemente, serenamente: scegliere noi stessi. Così come un generale esperto sceglie gli uomini migliori per ciascun compito, noi non dobbiamo far altro che scegliere noi stessi. Noi siamo l'unico esercito di cui disponiamo e dobbiamo cominciare a pensare che è il migliore che potevamo avere per affrontare la vita che ci è stata destinata. Siamo troppo influenzati dalle vite degli altri, e dalle loro capacità rese spettacolo, per occuparci della nostra vita da protagonisti e non da spettatori di ciò che accade. Perché questa è la nostra vita, non la vita di un altro.

Vincere le debolezze

Chi non ha conosciuto a fondo i mali di una guerra, non sarà mai in grado di valutare nemmeno i vantaggi che ne derivano[4].

Il mondo è un eterno conflitto tra due forze che si contrastano, la forza della conservazione e la forza del mutamento. Da questo contrasto tutto si muove e tutto viene generato. La forza che tende alla conservazione è pulsione di morte, il mutamento viene dalla pulsione di vita. Di fronte ai cambiamenti la nostra prima reazione è quella di opporre una strenua resistenza, di aggrapparci con tutte le nostre forze alla posizione acquisita, per paura di perdere ciò che abbiamo. È questa la prima delle nostre debolezze, quella da cui tutte le altre derivano. Come scrive Erasmo da Rotterdam: «L'uomo non ama il cambiamento, perché cambiare significa guardare in fondo alla propria anima con sincerità mettendo in contesa se stessi e la propria vita. Bisogna essere coraggiosi per farlo, avere grandi ideali. La maggior parte degli uomini preferisce crogiolarsi nella mediocrità e fare del tempo lo stagno della propria esistenza». Cioè, in un certo senso, morire.

Sun Tzu, invece, ci invita ad accettare la sfida. Se la vita è una continua guerra, evitare i conflitti che i mutamenti provocano dentro e fuori di noi significa non vivere. Occorre invece vincere questa debolezza e confrontarsi, lan-

4 II, 8.

ciarsi in avanti. E questo si può fare coltivando uno spirito guerriero, imparando ad accogliere la vita con tutto quello che può portare. Soltanto dopo tante battaglie, grandi o piccole che siano, si potrà riconoscere il valore dell'esperienza fatta.

Valorizzare le potenzialità

L'invincibilità dipende solo da noi, la vulnerabilità del nemico solo da lui[5].

Vi siete mai chiesti come facciano certe persone mediocri a riscuotere più credito di quanto riescano ad averne altre dotate di ben maggiori qualità professionali e umane? Devono avere sicuramente un'eccessiva autostima. Ma dall'altra parte spesso c'è anche qualcuno che gli dà credito. Dobbiamo tener conto di questo fattore, della credulità umana, senza la quale non sarebbe possibile alcun rapporto sociale. Tutti devono fidarsi degli altri, almeno la prima volta. Quindi, nei rapporti umani non abbiamo alternative: dobbiamo imparare a valorizzare le nostre capacità per quello che realmente sono. "Vendersi bene" non significa quindi fingere di essere quello che non si è, perché prima o poi si viene a scoprire l'inganno. Buttate via i manuali per l'autoaffermazione, non servono a niente. Perché prima di proporci agli altri dobbiamo avere fatto un serio lavoro di introspezione e di riconoscimento delle nostre reali capacità. Questo lavoro, da solo, non basterà se non saremo in grado poi di far percepire le peculiarità su cui gli altri possono o potranno fare affidamento. Per Sun Tzu essere invincibili è una scelta, non una dote innata. È la determinazione che nasce dalla piena consapevolezza delle nostre capacità, che è molto di-

[5] IV, 2.

versa dal credersi superiori quando non lo si è affatto. Una presa di coscienza che può avvenire solo quando riusciamo a entrare in contatto con il nostro *vero sé* e rifiutiamo le immagini deformate di noi stessi prodotte dal nostro ego che non ama la verità.

L'arte di crescere, vincere, riuscire

Addestra le truppe con saggezza, e concentrale con le virtù marziali: ti avvicinerai alla vittoria[6].

La vita va coltivata esercitandosi a viverla. Non c'è comandante che ci possa guidare migliore del Tao, cioè della vita stessa. Addestrare se stessi significa saper valutare le vittorie e soprattutto saper trarre un insegnamento dalle sconfitte. Le vittorie, come le sconfitte, non sono altro che momenti del nostro percorso e non dobbiamo lasciarci fermare da esse. La vita è guerra, e per questo la via del guerriero è la vita stessa. Fermarsi per una sconfitta significa iniziare a perdere, gioire per una vittoria significa alimentare l'ego. Invece si cresce senza sosta fino alla morte se si vive la vita momento per momento, lasciandosi continuamente alle spalle ciò che è appena passato. Un litigio, un'arrabbiatura, un momento di sconforto. Non dobbiamo dedicare più di un attimo a questi nemici interni e accogliere invece la vita con spirito aperto e con coraggio. Le vittorie non contano nulla, mentre dobbiamo accogliere le sconfitte con gratitudine per l'insegnamento che ci possono lasciare.

Sun Tzu spiega che per ottenere questo occorre darsi una disciplina. Quale disciplina? Come è scritto anche nell'*Hagakure*, antico testo per l'educazione dei samurai, occorre *coltivare l'attenzione*. Fare attenzione alla

6 IX, 53.

vita equivale a vivere ogni attimo in modo consapevole e dare importanza anche alle piccole cose. La distrazione è causa di disgrazia. Non possiamo dare a nessun altro la colpa di ciò che ci accade: i responsabili di noi stessi siamo sempre e solo noi.

Prima di un'impresa, fisica o intellettuale

Poni le tue truppe in una situazione senza vie di scampo e daranno sicuramente prova di coraggio immortale[7].

Se dobbiamo sostenere un'impresa e dare il meglio di noi, non lasciamoci mai prendere dall'ansia da prestazione: siamo sicuramente in grado di farlo e non c'è nessuno che possa impedircelo all'infuori di noi. C'è chi passa la notte precedente del tutto insonne, chi ripassa fino all'ultimo movimenti tecnici di una sequenza che conosce perfettamente e non occorre ripetere in vista di una performance sportiva, oppure chi si mette a rileggere passi di un libro che sa ormai quasi a memoria per quante volte l'ha letto, in vista di un convegno. Tutto questo è perfettamente inutile. Perché il giorno dopo, quando dovremo affrontare la prova, saremo entrati in una condizione di trance e ci ritroveremo a fine performance come usciti da un sogno, circondati da gente che ci applaude o ci stringe la mano. "Ma che cosa è successo?" ci chiederemo, oppure "Non sono andato male, vero?". E da dietro una voce griderà: «Svegliati, hai vinto!». Ogni volta che succede, non riusciamo a capacitarci di come possa essere accaduto, ma Sun Tzu può spiegarci il perché. Se eravamo già stressati da prima, in vista della prova, con quell'ultima nottata o quell'ultima giornata passata freneticamente a ripetere movimenti o a rivedere carte e docu-

7 XI, 37.

menti, non abbiamo fatto altro che aumentare la tensione dentro di noi. In quelle condizioni siamo arrivati al punto di rottura in cui l'intelletto discorsivo o ego, quella voce petulante che continuava a ripetere "Non ce la farai mai, non sei pronto", è andato in *black out* ed è subentrato il "pilota automatico", cioè il *vero sé*, come viene definito nello Zen, quella parte del nostro spirito che tenendo insieme tutte le nostre facoltà le ha condotte inconsapevolmente, spontaneamente, alla meta. È questa l'essenza dell'addestramento nelle arti marziali tradizionali: venir messi in una condizione di vita o di morte per far sì che a un certo punto le vostre potenzialità agiscano da sole senza bisogno di essere controllate da qualcuno. Non stiamo parlando della preparazione, stiamo parlando dell'azione. Dopo aver fatto passare l'esercito su un terreno da cui non c'è via d'uscita, dopo avergli tolto tutte le alternative e prospettato la morte, il generale non fa altro che ordinare l'attacco. Subito dopo le truppe si gettano contro il nemico come un fiume in piena, agendo da sole come se il generale non ci fosse più. È una strategia che sanno utilizzare, quando occorre, anche gli allenatori delle squadre sportive, non solo i corpi speciali. È naturale che non si possa stressare se stessi e nemmeno un gruppo per forzare una performance. Ma esiste un livello superiore in cui è possibile richiamare volontariamente quello stato di grazia, senza alcuno sforzo. È il livello in cui i Maestri orientali compiono imprese apparentemente impossibili in pieno relax, senza alcuno sforzo o preparazione. Si pongono da soli in una condizione di vita e di morte da cui non c'è scampo e in qualsiasi istante possono tirare fuori dal profondo di sé l'energia per ottenere il risultato. Vincere significa prima di tutto vincere se stessi.

3

L'ARTE DELLA GUERRA CON GLI ALTRI

Con gli estranei

L'avanzata irresistibile è quella che si getta nei varchi del nemico[1].

Quello che stiamo per raccontare è talmente frequente oggi che vale la pena di dedicargli un capitolo. Succede sempre nello stesso modo. Si sta tranquillamente in casa, si sbrigano le faccende di tutti i giorni e poi, per caso, ci si accorge che la porta dell'ingresso non è chiusa, ma appena accostata. «L'hai lasciata aperta tu, quando sei rientrato?» «Io? No!» «Nemmeno io!» Poi, qualcuno nota un oggetto fuori posto, proprio vicino all'ingresso, dove normalmente non dovrebbe stare. Prende forma una fastidiosa sensazione che fino a un momento prima si cercava di tenere a bada perché inaccettabile, impossibile. Invece è andata proprio così: sono entrati i ladri. Si corre subito per tutte le stanze per vedere se c'è ancora qualcuno e magari fermarlo, ma ovviamente non c'è più nessuno. Alla fine, in camera da letto, l'occhio cade su un cassetto rovesciato per terra, e i panni sparsi intorno. È l'ultimo cassetto del comò, quello dove tutti ficcano in fondo alla biancheria le cose di valore. Ma com'è possibile? Sono entrati mentre si stava in casa, nessuno ha sentito niente! Soprattutto, come hanno fatto a entrare se la porta è una porta blindata? È facile. Lo conferma la polizia: basta infilare dall'esterno, fra lo stipite e la porta,un foglio di plastica, in genere di quelli

[1] VI, 10.

delle radiografie, la serratura scatta subito senza difficoltà e la porta si apre in un attimo. L'errore che facciamo tutti è di ordine psicologico. Crediamo comunemente che una porta blindata sia un deterrente sufficiente a scongiurare qualsiasi tipo di tentativo e che la presenza di gente in casa dissuada qualunque ladro, per cui basta solo chiuderla. Invece il nemico non ha assolutamente alcun problema a entrare anche in presenza di persone e, se alla serratura non viene data almeno una mandata da dentro, qualunque porta blindata anche se chiusa è praticamente una porta aperta. Quando ci si prepara a un attacco Sun Tzu raccomanda sempre non solo di conoscere il nemico, ma anche di conoscere bene se stessi[2]. La porta blindata è una misura adottata in genere quando si conosce il nemico e si sa che colpisce nei pressi del nostro territorio. Ma non conoscere perfettamente il funzionamento di una porta blindata significa non conoscere i limiti delle nostre difese e in definitiva non conoscere noi stessi. Lo capiremo, se mai dovesse capitarci, dalle espressioni dei poliziotti o dei carabinieri che redigeranno il verbale a casa nostra. Facendo parte di un esercito vero, conoscono bene le regole della guerra e qualcuno di loro scuoterà lievemente la testa in segno di compatimento perché abbiamo subito, senza essere stati in grado di difenderci, l'attacco di un altro esercito altrettanto ben addestrato, quello dei ladri. Per Sun Tzu non basta sapere di essere forti: occorre anche conoscere i nostri punti di debolezza, che sono la prima cosa che l'avversario smaliziato cerca di scoprire. In questo caso è facile scoprirli, basta fare un giro per i pianerottoli di un palazzo senza portineria e infilare un piccolo foglio di plastica fra lo stipite e l'anta di una porta che pure era blindata...

[2] X, 26.

Con gli stranieri

Per indurre il nemico a muoversi, prospettagli un vantaggio. Per scoraggiarlo, fagli temere un danno[3].

Viviamo in una società multietnica. È inutile far finta di non vederlo: i problemi di intolleranza che già avevamo all'interno della nostra società ora si moltiplicano e possono arrivare a esplodere in episodi di violenza. In questi ultimi vent'anni siamo stati letteralmente "invasi" da varie etnie e il popolo italiano, già avvezzo ai campanilismi e ai regionalismi, non si è dimostrato precisamente immune dal razzismo. È ovvio, quindi, che altrettanta diffidenza possa esserci anche dall'altra parte e che, in casi estremi di disadattamento, tutto questo possa condurre a episodi di violenza. Perfino a scuola, fra ragazzi. Il bullismo è una delle ultime "mode" mutuate forse da una cinematografia d'oltreoceano che riproduce situazioni sociali molto più violente di quelle a cui siamo abituati in Europa, ma che ha sempre fatto molta presa sui giovani, i quali l'hanno spesso istintivamente emulato. Può accadere quindi che il bullismo venga preso come modello forte per ottenere l'accettazione nel gruppo dei coetanei da parte di giovani extracomunitari inseriti nelle scuole italiane. Non tutte le etnie producono questi fenomeni, dipende molto dall'educazione di base fornita dalle rispettive culture e dalle condizioni di tensione sociale a cui

[3] VI, 3.

erano abituati i ragazzi nei Paesi di provenienza. Non si può generalizzare, ma spesso gli adolescenti di etnie più lontane, fortemente radicati nella loro cultura (ad esempio i cinesi), non sono protagonisti di episodi di violenza quanto quelli di etnie più vicine che pur essendo cittadini europei non riescono a "sentire" la loro integrazione, come ad esempio quelli provenienti dall'Est europeo.

Ecco un caso emblematico dalla provincia italiana. In una seconda media si verifica un episodio di bullismo, dovuto forse a incomprensione linguistica, da parte di un ragazzo rumeno di tre anni più grande dei suoi compagni in seguito a ripetute bocciature e perciò alto, grosso, e violento. È ormai da diverso tempo che ricorre alla violenza fisica per ottenere rispetto dai compagni, ma gli insegnanti non sono capaci di gestire la situazione. Viene ammonito ripetutamente, i suoi genitori non sembrano comprendere la gravità della situazione. Alla fine interviene un genitore rappresentante di classe e parla col coordinatore didattico. A seguito di questo, il ragazzo aggredisce anche il figlio del rappresentante di classe. Si tratta di una piccola giovane signora, nondimeno molto ferma di carattere. Visto che non ottiene alcun sostegno né dal coordinatore didattico né dal preside che, come spesso accade, è più preso a seguire la propria carriera burocratica che a gestire i problemi interni e non ha alcun nerbo, la nostra protagonista decide di andare a parlare con la madre del ragazzo affrontandola di petto, in qualità di madre: «Tuo figlio ha bloccato mio figlio con l'aiuto di un compagno, lo ha picchiato e gli ha preso la merenda.» «Io non sa che fare co Ottaviano… io problema co Ottaviano… lui no vole studiare no vole fare niente.» «Ti ho detto che ha picchiato mio figlio, ma anche altri ragazzi nei giorni scorsi.» «Io problema lui no studia, no sente, no fare niente.» «Allora te lo spiego meglio: se Ottaviano *no studia* sono problemi tuoi, se Ottaviano mena mio figlio sono cazzi tuoi (facendo il segno delle manette) perché *io va carabinieri*... chiaro?»

La rappresentante di classe, per l'occasione, ha perfino adeguato il lessico a quello limitatissimo della sua interlocutrice superando tutte le tecniche di mediazione linguistico-culturale e il messaggio è arrivato chiaro e forte: il padre, che era completamente all'oscuro di tutto, preso com'era dal guadagnarsi da vivere nel nostro difficile Paese, per la prima volta ha aspramente redarguito e castigato il figlio che ha subito smesso di fare il bullo, ha addirittura recuperato l'anno scolastico che minacciava di perdere per l'ennesima volta e ha preso la licenza media con votazione "Sufficiente". La madre del ragazzo rumeno ha ringraziato la rappresentante di classe.

In questo caso, come prescrive Sun Tzu, un generale può muoversi contro un altro prospettandogli il grave danno che potrebbe causare al suo esercito se mantenesse la propria posizione. Perché se un capo non interviene quando un membro del suo gruppo continua ad attaccare deliberatamente gli appartenenti di altri gruppi, ciò può far apparire l'attacco come un'azione intenzionale e pienamente condivisa da chi comanda. Ovviamente, prima di scatenare un conflitto occorre sempre verificare la realtà delle cose e agire di conseguenza. E infine, che avvenga con la diplomazia o ventilando la prospettiva di una rappresaglia, riuscire a fare arretrare il nemico senza combattere è la migliore delle vittorie.

Con i conoscenti

Se ignori le intenzioni degli Stati vicini, non puoi organizzare alleanze[4].

Quella dei conoscenti è una sorta di zona grigia nelle relazioni umane in cui abitualmente "parcheggiamo" a tempo indeterminato tutti i rapporti che non sono destinati a evolvere in un modo o nell'altro. In realtà, si tratta il più delle volte di perfetti sconosciuti e se per la nostra connaturata socialità possiamo scivolare facilmente con loro verso l'amicizia, trattarli da amici può diventare un errore fatale. Questa facilità nel confondere ruoli e relazioni è stata favorita dall'avvento di internet ed è ulteriormente aumentata col social web. Ci si conosce (per modo di dire) in un blog, in un forum, si risponde l'uno ai commenti dell'altro e la lettura dei messaggi diventa una sorta di appuntamento fisso per mesi e mesi.

Come per magia ci si trova sempre d'accordo su tutto e il rapporto continua con una sempre maggiore complicità via mail. L'incontro sarà fra due persone che credono di conoscersi da sempre, ma che in realtà sono rimaste perfettamente estranee. Nel frattempo, l'altra persona ha avuto modo di acquisire un'enorme quantità di informazioni riservate su di voi e non si può sapere come le userà. Nella migliore delle ipotesi può comportarsi correttamente, nella

4 XI, 52.

peggiore ci sono stati casi di *stalking* e perfino di ricatto iniziati proprio in questo modo. E la cosa più assurda è che a fornire quelle informazioni siete stati proprio voi. Sun Tzu avverte che non si può trattare da alleato uno sconosciuto di cui non si conoscono le reali intenzioni.

Con le persone inopportune

> *Se dichiari guerra, chiudi i valichi, rompi le tavolette, respingi gli ambasciatori del nemico. Solo il comando può prendere decisioni*[5].

Quante volte vi è capitato di avere a che fare con l'insistenza dei venditori porta a porta? Non basta più dire di no o che la loro offerta non ci interessa, ormai le loro tecniche sono diventate molto raffinate e con le parole riescono a fare quello che un tempo facevano materialmente infilando un piede nella porta per impedire che gli venisse chiusa in faccia. Ma di questi tempi circolano per i pianerottoli dei palazzi molte altre persone inopportune: agenti immobiliari a caccia di appartamenti sfitti o da vendere, rappresentanti di compagnie telefoniche o dell'energia che vogliono offrirci una tariffa che è sempre più conveniente della nostra, e a questi si alternano finti esattori, finti *fund raiser* che raccolgono fondi "per una nobile causa", finti promotori finanziari che devono "assolutamente" esporci un investimento "imperdibile". Per lo più si tratta di possibili ladri o truffatori.

Sono aumentati infatti i casi in cui poveri anziani hanno investito buona parte dei loro risparmi in sottoscrizioni o fondi d'investimento fasulli dopo aver fatto entrare queste persone. Comportiamoci come se avessimo dichiarato guerra agli ospiti inopportuni. Sun Tzu raccomanda di

[5] XI, 66.

sbarrare le vie d'accesso, evitare ogni forma di comunicazione, respingere chiunque. Quindi non apriamo mai a nessuno. Se abbiamo anziani in casa istruiamoli su come comportarsi in nostra assenza. Perché sono i più indifesi di fronte a questi attacchi.

Con i collaboratori occasionali

Compi azioni limitate e scopri dove il nemico è più scarso, il suo pieno e il suo vuoto[6].

Quando si entra in un nuovo campo di battaglia e non si conoscono bene le persone con cui ci si deve confrontare, non è il caso di compiere subito grandi passi: vale la pena di procedere gradualmente così da costringere l'avversario a esporsi, senza palesare subito (e dare modo di scoprire) le proprie intenzioni. Questo è un principio che vale in tutti i campi. Spesso per impulsività e per il desiderio di dimostrare le nostre capacità a qualcuno scopriamo subito le carte. Ma così facendo permettiamo all'altro di formulare troppo presto una controstrategia. Sun Tzu non approverebbe: prima di fare qualsiasi cosa, aspettiamo. Non lasciamo che prenda il sopravvento il nostro bisogno di riconoscimento o peggio la nostra ansia da prestazione. Lasciamo che sia l'altro a reagire alle nostre minime sollecitazioni. Lasciamo che sia lui a esporre la sua posizione per primo e poi sferriamo l'attacco finale. Non occorre fare muro contro muro, spesso l'attacco migliore consiste nel mostrare di essere d'accordo ma, contemporaneamente, individuare una falla nella posizione dell'altro e offrire una soluzione per completarla: «Condivido tutto quello che dici, ma se fossi in te...». Da quel momento siamo noi a conquistare il vantaggio accer-

6 VI, 26.

chiando l'avversario o appropriandoci dell'azione. Se abbiamo a che fare con un gruppo, non saremmo in grado di accerchiarlo ma potremo individuare le falle che non lo rendono così compatto come sembra, approfittandone e mostrando di saperlo dominare.

Con gli amici

Nuovi amici si frappongono tra vecchi amici[7].

Un amico è prima di tutto un alleato, una persona in cui riponiamo la massima fiducia, qualcuno a cui abbiamo mostrato i nostri punti deboli, o le armi con cui potremmo essere feriti, e non userebbe mai questa conoscenza contro di noi, non potrebbe mai fare nulla per ferirci, né usare proprio quelle armi per farlo. Dunque che senso ha applicare *L'arte della guerra* con gli amici? Eppure ci sono casi in cui la saggezza di Sun Tzu ci indica come ricondurre all'armonia quello che a noi *sembra* un attacco. Quello che può apparire come un tradimento da parte di un amico è, a ben vedere, soltanto una nostra percezione che, il più delle volte, non coincide con la realtà. Talvolta non c'è modo di comunicare questo stato di disagio perché fra noi e il nostro amico si frappone un'amicizia nuova (o un amore) che sembra aver catalizzato totalmente le attenzioni dell'altro. È una delle *sei disarmonie* descritte da Sun Tzu, ovvero i sei modi per destabilizzare uno Stato nemico dall'interno: rompere le alleanze fra i Paesi portandone uno dalla propria parte. La stessa cosa accade quando una nuova persona sembra aver "blindato" un nostro amico in una nuova alleanza che gli impedisce perfino di comunicare con noi. Ma noi non

[7] XI, 57, nota 4.

siamo in guerra! Perciò non scambiamo un comportamento di cui non conosciamo le cause per un atto ostile, piuttosto sospendiamo ogni giudizio e lasciamo che il tempo decida. Qualunque nostra iniziativa nascerebbe da un giudizio preconcetto, anche solo una semplice quanto inopportuna richiesta di chiarimenti.

Con i parenti

Attira il nemico con un'esca, fingi disordine fra le truppe e colpiscilo[8].

«Parenti serpenti» si usa ancora dire. Non c'è scampo, le persone a noi più vicine credono di avere la libertà di pontificare sulla nostra vita, sul nostro modo di essere, su tutto quello che facciamo: le suocere, ad esempio. Non c'è distinzione fra la madre di lei e la madre di lui. Sono semplicemente delle *suocere*, con tutto il carico di significati che vengono attribuiti in genere alla parola. I loro comportamenti tipici derivano spesso dal tentativo di estendere la propria autorità materna anche oltre il momento in cui i figli si distaccano dalla famiglia e ne formano una propria.

Questo atteggiamento può diventare talmente "patologico" da trasformare in ridicolo gesto autoritario anche il minimo tentativo di conservare il ruolo che si aveva verso i figli quando erano piccoli, rifiutando il fatto che sono ormai adulti e autosufficienti. Se una suocera si intromette fra marito e moglie occorre "liberarsene" senza offenderla e senza arrivare al conflitto. Occorre spiazzarla cambiando strategia di volta in volta in base al suo obiettivo fino a quando non smetterà di intromettersi in faccende che non la riguardano. Di fronte a un nemico che vuole insinuarsi fra due alleati, Sun Tzu insegna che

[8] I, 21.

occorre simulare disunione e poi attaccare di sorpresa. Dove una suocera cerca un punto di disaccordo fra nuora e genero, questi devono formulare una strategia comune di risposta. Quando lei avanzerà sostenendo la sua idea, i due mostreranno improvvisamente un accordo totale e la costringeranno alla resa.

Con i figli

Solo con l'addestramento si può ottenere disciplina[9].

È da tanti anni che gli insegnanti delle scuole dell'obbligo si lamentano di non avere alcun sostegno da parte delle famiglie italiane nel far fronte comune verso i comportamenti dei ragazzi. La responsabilità dell'educazione dei figli viene spesso scaricata dalle famiglie sugli insegnanti, quasi fossero estensioni genitoriali. Spesso si tratta di famiglie in cui entrambi i genitori lavorano e hanno poco tempo per i figli. In altri casi si tratta di famiglie molto abbienti in cui i figli vengono abbandonati a loro stessi, salvo poi l'abitudine di far loro grossi regali che li tengano impegnati o li rendano indipendenti – dal telefono cellulare alle scuole medie inferiori, per tenerli sotto controllo, alla *city car* a sedici anni –, pensando che basti questo per ottenere la loro ubbidienza e maturazione. Invece questi genitori dovrebbero assumersi la responsabilità del proprio ruolo ed educare i figli in tutto. Spesso si confonde il concetto di "educazione" con l'attività di insegnare le "buone maniere". Questo non ha nulla a che fare con la trasmissione di esperienza vera e di valori verificabili, che fa parte del compito di un genitore. L'educazione andrebbe intesa invece come anticamente si intendeva l'addestramento nelle arti marziali, cioè come un'attenzione

[9] IX, 54.

costante con cui si segue la persona in tutte le fasi di crescita. Non può essere in nessun modo una sterile disciplina basata sull'autoritarismo, ma piuttosto un progressivo apprendimento del mestiere di vivere. Ciò può avvenire solo sotto la guida di un maestro (il quale, non a caso, in Cina viene definito *Shifu*, cioè "padre") che si prende cura dei suoi allievi sia dentro sia fuori dal luogo in cui si pratica. Cioè sempre. Dando l'esempio per primi, cioè mostrando che ciò che si dice corrisponde sempre a ciò che si è.

Questa capacità di educare in modo continuo e invisibile è l'unica cosa che può dare autorevolezza ai genitori e al loro ruolo. Sun Tzu ammonisce che se la truppa è indisciplinata la responsabilità è sempre e soltanto di chi ne è alla guida. In famiglia, con i figli, occorre pertanto stabilire i ruoli in modo chiaro fin dall'inizio. Non si può evitare le responsabilità del proprio ruolo cercando di essere "amici" dei figli, comportandosi magari come dei coetanei per conquistare la loro complicità. È l'errore in cui cadono più frequentemente i separati, che cercano con questi mezzi di portare dalla loro parte almeno uno dei figli mettendolo possibilmente contro l'altro coniuge e rompendo quel che rimaneva degli equilibri familiari. Ma questo errore lo commettono anche tante coppie sposate non mostrando un fronte compatto di fronte alle decisioni e alle regole da far rispettare. Così facendo non si accorgono di perdere autorevolezza agli occhi dei figli e una volta persa, sarà molto difficile recuperarla. Un danno del genere resta per tutta la vita, perché i figli crescendo si abitueranno a non dare la giusta importanza ai ruoli, a non rispettare il prossimo e, a loro volta, diventeranno dei pessimi genitori.

4

L'ARTE DELLA GUERRA NEL LAVORO

La sfida del trovare lavoro

Se sei capace, fingi di essere incapace[1].

Trovare lavoro è sempre stato difficile, oggi lo è ancora di più. Le aziende cercano di risparmiare su tutto, a cominciare dalla forza lavoro. Idealmente si tende, per quanto possibile, a non assumere più personale; e con le leggi che si sono succedute in Italia, vengono offerti ormai soltanto contratti a termine non sempre rinnovabili. Per chi cerca lavoro in questo momento sarebbe già tanto riuscire a ottenere uno di quei contratti. Il problema investe non solo i giovani, ma anche gli over 40 che pur essendo ancora giovani nello stesso tempo risultano spesso troppo qualificati per la loro età. Così le richieste di assunzione vengono cestinate con scuse che vanno fino all'ipocrita «Ci complimentiamo per l'eccellente curriculum, ma non potremmo offrirLe uno stipendio adeguato alle Sue qualifiche». Sun Tzu suggerisce di dimostrare meno risorse per tranquillizzare l'altra parte. Occorre compiere un'operazione cruenta che molti non concepiscono nemmeno: "tagliare" il curriculum. Ovviamente non si può rinunciare a elementi come la laurea oppure le più significative esperienze di lavoro (possibilmente pertinenti con l'offerta). Il resto va eliminato a colpi di machete per apparire dei "pivelli" da sfrut-

1 I, 19.

tare. Quando sarete stati assunti, continuate a non mostrare subito tutte le vostre capacità. Meglio lasciar credere che i vostri progressi dipendano dalla nuova formazione che state ricevendo. Poi gradualmente conquistate il territorio rendendovi indispensabili. Potrebbero perfino rinnovarvi il contratto o assumervi stabilmente.

La sfida di conservare il posto

Perciò, il generale esperto crea situazioni grazie a cui non potrà essere vinto, e non si lascia sfuggire occasione per porre in condizioni di inferiorità il nemico[2].

La difficoltà maggiore sta nel rendere vicino ciò che è lontano, e trasformare in vantaggi gli ostacoli[3].

Il problema di come conservare il lavoro oggi ha tante sfaccettature. Ecco due casi tipici e opposti.

Primo caso. In uno dei settori chiave di una media azienda, dopo che è stato fatto altrettanto con gli operai, arrivano i tagli anche fra i quadri. La nostra protagonista fa parte di questo settore, ha una buona remunerazione, l'auto aziendale, e non è sposata. Il reparto è composto da cinque persone, di cui due sono donne. I tagli previsti comprendono un licenziamento e due trasferimenti in altra sede. Inizia la roulette russa. La nostra ha un compagno che vive e lavora in un'altra città, è figlia unica, ha la mamma anziana e vedova, e anche il trasferimento al Nord potrebbe essere un problema. I suoi colleghi sono tutti sposati e con figli. Sun Tzu consiglia di agire d'anticipo impedendo al nemico di attaccare. L'impiegata, dunque, cambia completamente modo di lavorare, dà piena disponibilità anche a trattenersi oltre l'orario di lavoro, e lavora da casa quando necessario.

[2] IV, 13.
[3] VII, 3.

Si rende efficientissima e indispensabile. In questo modo evita ogni forma di contrasto con i suoi diretti superiori, anche a costo di fare buon viso a cattivo gioco. Ma non può permettersi di restare senza lavoro. A fronte di un notevole sacrificio, però, è riuscita a mantenere il posto nella stessa città e la possibilità di inviare curriculum in altre aziende per trovare prima o poi una situazione migliore.

Secondo caso. Quando si tratta di ristrutturare i reparti, le aziende non si fermano nemmeno di fronte a una maternità. Così accade ad esempio che su due persone che operano nello stesso settore, una dovrà essere licenziata entro un anno. Può capitare che si tratti di una donna sola con una bimba piccolissima, appena rientrata in azienda dopo la maternità. La prospettiva è disastrosa: lei abita fuori città e deve anche pagare una tata per tenere la bambina mentre è al lavoro. La maternità stessa a questo punto diventa un ostacolo in più. Sun Tzu sostiene che tutti gli ostacoli possono essere trasformati in vantaggi. La nostra mamma lavoratrice ha un'idea: prende l'iniziativa e chiede all'ufficio del personale un part-time verticale. In fondo, l'azienda deve effettuare dei tagli e si tratterebbe comunque di un risparmio. E infatti l'azienda glielo concede. Quello che prima era un ostacolo insormontabile si è trasformato in un vantaggio perché lei ora ha più tempo da dedicare alla bimba ma ha ottenuto anche un vantaggio economico: recandosi al lavoro solo tre giorni a settimana risparmia sulle spese mensili di spostamento e inoltre da adesso in poi pagherà la tata due giorni di meno a settimana. In questo modo è riuscita a conservare il suo posto di lavoro, perché alla sua azienda "costa meno". E questa si è rivelata la strategia giusta: invece il suo collega, che nel frattempo non aveva attuato nessuna strategia, è stato licenziato.

La sfida del cambiare lavoro

Non c'è circostanza in cui lo spionaggio non si possa usare[4].

Un modo per procurarsi un vantaggio è quello di ottenere informazioni chiave sul proprio nemico o, in generale, sul proprio obiettivo. È utile per conoscere le sue prossime mosse e prevenirle, per sapere quali alleanze sta stringendo, quali siano i suoi punti deboli, ecc. Sun Tzu classifica diversi tipi di spia, ma sottolinea che il rapporto con esse è più intimo di qualsiasi altro rapporto e che occorre avere molta saggezza per poterle gestire. Altrimenti è meglio evitare di impiegarle: potrebbero diventare un'arma a doppio taglio. Un caso esemplare è quello di un famoso direttore creativo che riuscì per molti anni a cambiare agenzia di pubblicità più facilmente di altri, capitando sempre nel posto giusto al momento giusto. Come faceva? Grazie ai giovani aspiranti creativi che riusciva a infilare come stagisti in quasi tutte le agenzie. Di certo ai giovani protetti faceva credere di avere un rapporto "intimo" ed esclusivo, offrendo loro un'amicizia alla pari, sfruttando anche l'enorme differenza di anzianità professionale. E loro, per una sorta di gratitudine, gli fornivano in tempo reale informazioni su tutto quello che accadeva all'interno delle agenzie concorrenti. Non c'era informazione riservata, piano di *new business* o cambia-

[4] XIII, 14.

mento negli organici di cui non venisse a conoscenza. Naturalmente, questo modo di fare spionaggio è ai limiti del lecito, anche se Sun Tzu arriva perfino ad ammettere l'impiego di spie professioniste a pagamento. Ciò che accade da sempre nella concorrenza industriale.

Inventarsi un lavoro

In guerra un esercito preferisce lo Yang ed evita lo Yin. Sceglie luoghi che sostengono la vita e si attesta su terreni solidi[5].

Un giorno, improvvisamente, l'attività che per anni è stata fonte di sostentamento per noi e per altre persone scompare. Cambia il mercato, cambiano le circostanze, e anche quello che ci appariva solido e immutabile può improvvisamente svanire. Allora occorre prendere rapidamente una decisione: crearsi un nuovo lavoro. Non sempre, infatti, esistono le condizioni per poter cercare lavoro e in questi casi l'unica alternativa che resta è quella di reinventarsi. L'avversario in questo caso può essere la concorrenza già presente nel settore in cui vogliamo intraprendere la nuova attività, oppure il campo stesso in cui ci apprestiamo a entrare.

Sun Tzu ricorda che la scelta del campo è strettamente collegata alla conoscenza che si ha delle proprie reali capacità. L'errore che fanno molti ex impiegati provenienti dal posto fisso è di immettersi sul mercato scegliendo come campo d'azione quello che risponde ai loro sogni di quando ancora lavoravano in ufficio, ma che non coincide quasi mai con il campo giusto per le loro capacità lavorative. Dobbiamo munirci di un grande foglio di carta e disegnare una vera e propria mappa delle nostre capacità trasformandola

[5] IX, 14.

in territorio. Dopo aver descritto e collegato le nostre doti, la mappa ci mostrerà subito quali sono i campi in cui potrebbero esprimersi al meglio i nostri talenti. Sono quelli i terreni più solidi su cui è consigliabile dare battaglia senza rischiare di esaurire le nostre energie dietro a un sogno velleitario.

Il rapporto con i capi

L'energia al mattino è fresca, a mezzogiorno è stanca, a sera è esaurita. Un abile generale evita chi ha energia fresca e attacca invece chi è stanco e ha esaurito la propria energia. Questa è l'arte di padroneggiare l'energia[6].

A volte, si cerca il momento più opportuno per fare una richiesta impegnativa al proprio superiore: un aumento di stipendio, un cambio di partner professionale, il trasferimento in un'altra sede, un cambio di mansioni, un cambio d'orario, qualche giorno di ferie, se non addirittura una modifica dell'intero piano ferie per l'anno in corso, ecc. E questo momento propizio sembra non arrivare mai. A volte, invece, si agisce d'impulso senza aver considerato prima le tante variabili che possono pregiudicare la vostra opportunità, e l'impulsività può portare a esiti disastrosi. Dovete tenere a bada la vostra fretta di ottenere il risultato. Se non siete perfettamente sicuri di quello che state per fare, rischiate di andare alla disfatta. Fermatevi. Non alzate il telefono per chiedere subito l'appuntamento. Sun Tzu vi consiglia di respirare profondamente e di guardare l'orologio. Che ore sono? È mattina? Troppo presto. Il vostro capo è appena arrivato in ufficio ed è carico di energia. Se vi siete svegliati bene e vi sentite anche voi carichi di energia, rischiate al massimo di ottenere uno *zero a zero*, un «me lo ricordi domani», se non un generico rinvio a data imprecisata. Oppure è po-

6 VII, 24, 25.

meriggio. Anche in questo momento della giornata l'alea è ancora troppo grande per avere successo. Non è il caso di tentare un approccio, perché la stanchezza comincia a farsi sentire ed è il momento in cui si è meno lucidi. Conservate casomai le energie per la fine della giornata. È quello il momento più propizio. Affrontate l'incontro quando il vostro superiore è senza energia: le probabilità di convincerlo con i vostri argomenti sono concretamente più alte. Ecco, è arrivato il momento di prendere una decina di lunghi respiri e caricarvi di energia. Siete pronti? Bussate adesso, andrà tutto bene.

Se il vostro superiore, invece, rimanda il colloquio all'indomani mattina, non insistete. Rischiereste di ottenere udienza subito, ma con una cattiva disposizione d'animo nei vostri confronti. Accettate di buon grado e poi, l'indomani, rimandate a un'altra ora adducendo che dovete gestire un'urgenza e che, aziendalmente, viene prima quella. Usate un tono responsabile mostrando che anteponete sempre l'interesse dell'Azienda al vostro interesse. Rifatevi vivi a fine giornata per raccontare gli esiti della vostra azione, ovviamente positivi. Dopo aver fatto una breve sintesi del problema e di come l'avete risolto, buttate lì casualmente la vostra richiesta. Fatelo con leggerezza, proprio nel momento in cui il vostro superiore è meglio disposto nei vostri confronti perché è stanco e voi gli avete risolto un problema in più. Non potrà che rispondervi quasi con gratitudine. E avrete vinto. Sun Tzu osserva che spesso, cercando il momento propizio per attaccare, non si considera la cosa più ovvia, cioè le condizioni di energia dell'avversario. Senza contare che se bruciate una chance così, chissà quando ve ne capiterà un'altra.

Il rapporto con i business partner

Così egli avanza senza cercare fama, si ritira senza temere il disonore, cercando di risparmiare i suoi uomini e procurare il massimo vantaggio al suo sovrano[7].

Capita anche questo. Pur di ottenere una commessa importante da un grande cliente che ci stima, predisponiamo un "consorzio d'impresa" con grossi partner apparentemente quotati ma con cui non abbiamo mai lavorato. Accettiamo di averli come capo progetto, partecipando insieme alle riunioni col cliente. Presto però ne scopriamo la scorrettezza e la scarsa professionalità. Il loro operato rischia di rovinarci la reputazione presso il committente che si fida di noi, ma ormai è troppo tardi. Interrompere a questo punto sarebbe un disastro: non solo perderemmo il lavoro, ma anche possibili rapporti futuri con il cliente. Anche continuare a lavorare con questi partner porterebbe a un disastro sicuro. Occorre ritirarsi.

Ci sono solo tre possibilità: andar via subito bruciando i ponti dietro di noi, lasciare che il lavoro sfugga al nostro controllo rischiando di perdere la reputazione, oppure suddividere l'impegno in tanti impegni più piccoli con l'obiettivo di mandarli in porto separatamente, ma smettendo di comparire alle riunioni. Anche se il consorzio verrà meno ad alcuni impegni, otterremo comunque un vantaggio superiore a quello che avremmo avuto tron-

[7] X, 19.

cando e perdendo tutto o lasciando decidere al caso. Sun Tzu raccomanda la terza via, ovvero "ritirarsi senza ritirarsi", per cui otterremo comunque un guadagno e le responsabilità di un fallimento di fronte al committente non ricadranno su di noi.

Il rapporto con i sottoposti

Controllare molti è come controllare pochi[8].

Un bravo dirigente si valuta anche dal modo in cui si relaziona con la risorsa più importante dell'impresa: i suoi sottoposti. È fin troppo facile stabilire rapporti basati sull'autoritarismo. Ma non può funzionare quando si deve convivere a lungo, tutti i giorni, nello stesso spazio vitale. Meglio guadagnarsi la stima delle persone non trattandole come un gruppo indistinto, perché questo atteggiamento non fa che confermare la divisione fra l'autorità e i suoi subalterni. Sun Tzu suggerisce di comportarsi con tanti come se fossero pochi. Questo significa trattare di volta in volta con piccoli gruppi o anche con le singole persone, come se fossero i collaboratori più preziosi rispetto a una problematica specifica o al problema di cui devono occuparsi. Lo stesso discorso si potrebbe fare a proposito dell'insegnamento, o dell'educazione. Non bisogna aver paura di mettersi in gioco e di confrontarsi con le persone per le quali dobbiamo essere un punto di riferimento. Confrontarsi non significa mettersi in competizione con l'altra persona ma guidarla indicandole, dove possibile, il modo per risolvere piccoli intoppi e nello stesso tempo responsabilizzandola riconoscendone i meriti: ricordiamoci che noi non facciamo il suo lavoro e

8 V, 1.

l'altra persona non fa il nostro. Il nostro ruolo non ne verrà affatto sminuito, ma al contrario rafforzato. C'è una bella differenza fra autoritarismo e autorevolezza. Il primo è già una sconfitta per chi si trova a dover comandare facendone ricorso. La seconda si guadagna faticosamente sul campo, come tutte le vittorie.

Il rapporto con i colleghi alla pari

Sii senza forma, affinché le spie più abili non abbiano nulla da scoprire, né un nemico possa elaborare una strategia contro di te[9].

Siamo stati appena assunti in un'azienda o abbiamo ottenuto una collaborazione che ci vedrà comunque inseriti per un lungo periodo in un nuovo ambiente di lavoro. Dovremo fare particolare attenzione ai nostri rapporti con i colleghi. Non basta lavorare sodo e pensare soltanto a svolgere al meglio i nostri incarichi: consideriamo che intorno a noi ci sono persone che possono diventare i nostri più leali compagni di lavoro ma anche i nostri più infidi nemici. La cosa migliore è non esagerare in alcun atteggiamento quando ci relazioniamo con gli altri. Se diventiamo troppo amici, prima o poi racconteremo a qualcuno i nostri obiettivi personali e da quel momento non avremo più alcun vantaggio competitivo. Viceversa, se ci isoliamo troppo, rischiamo di diventare un "oggetto misterioso" agli occhi del gruppo e alla fine verremo rigettati proprio perché risulteremo estranei alle dinamiche e ai riti di controllo che in qualche modo dovremo accettare (in fondo si tratta solo di qualche cena e qualche festa, ogni tanto).

Sun Tzu consiglia di essere "senza forma", con grande capacità di adattamento, e di non far percepire le nostre reali attitudini. Tutto questo vale anche, e a maggior ra-

9 VI, 27.

gione, se siamo da sempre nello stesso ambiente lavorativo e i colleghi ormai sono diventati la nostra seconda famiglia. Sul lavoro non esiste vera amicizia, ma si può (e si deve) stabilire un rapporto cordiale e fruttuoso per entrambe le parti.

Nella libera professione

Attacca il nemico scendendo verso il basso.
Non attaccare mai in salita[10].

L'errore classico che a volte sfugge perfino ai professionisti è quello di tentare di conquistare un cliente rendendosi più servili, mostrandosi inferiori o più ignoranti rispetto a lui non solo nelle questioni specifiche, ma addirittura in tutto. Si evita di intavolare discussioni in cui essere facilmente contraddetti e si mostra di essere d'accordo su tutto, anche quando in realtà non lo si è. Così si rischia solo di fare un lavoro inutile, riempiendo il cliente di attenzioni non richieste e infastidendolo. Sun Tzu consiglia di partire dall'alto, mai dal basso.

Il nostro cliente vuole un partner solido, che sia all'altezza dell'incarico che gli sta affidando, e quindi preferisce rapportarsi a professionisti sicuri del fatto loro. Insistere in un atteggiamento di eccessiva modestia è sbagliato tanto quanto essere arroganti o vantarsi dei propri meriti. Dobbiamo mostrare grande sicurezza trasmettendo un senso di affidabilità che proviene solo dalle nostre capacità professionali. Non anticipiamo mai le domande con delle risposte affrettate, dobbiamo essere misurati nel parlare e non reagire di fronte alle eccezioni e ai problemi che ci vengono esposti. Attendiamo che il cliente abbia

10 IX, 3.

finito di esporre il suo problema e poi scuotiamo la testa con espressione seria. Facciamogli capire che conosciamo molto bene la questione e non la sottovalutiamo affatto anche se ci è già capitato di risolverla tante volte. Non promettiamo nulla che non siamo realmente in grado di fare e lo conquisteremo.

Nel management

Così un sovrano può danneggiare il suo esercito. Quando ordina alle sue truppe di avanzare nelle circostanze sbagliate[11].

Quanto sia stata spesso irresponsabile la classe dirigente italiana nel dopoguerra è cosa nota. Ci sono stati pochi esempi di eccellenza nel condurre i propri eserciti con successo sia nel settore privato sia nel settore pubblico. Ma evidentemente non sono stati presi a modello. Dedichiamo quindi l'ultimo capitolo di questa sezione a quei pessimi generali che, pur vantando una preparazione di tutto rispetto nel management (almeno teoricamente), hanno condotto grandi aziende ed enti verso il disastro. E pur mettendo in bella mostra una copia de *L'arte della guerra* sulle loro scrivanie dirigenziali, secondo la moda, sono stati i primi a non metterne in pratica i princìpi.

Un esempio classico è dato dalle aziende che pretendono di mantenere sul mercato un prodotto non competitivo e di andare avanti con la stessa strategia di sempre, senza cambiarla. Questi generali non hanno il coraggio di cambiare rotta perché per loro significherebbe dare un'immagine contraddittoria del proprio operato. Quindi, per mantenere la loro autorità, pensano che non si debba cambiare posizione. Il risultato è una sicura disfatta: tagli alla produzione, pur di mantenere sul mercato lo stesso prodotto

11 III, 19-20.

perdente, e ulteriori riduzioni sul costo della forza lavoro mandando in cassa integrazione migliaia di operai.

Sun Tzu congederebbe questi generali o forse non li avrebbe mai nemmeno assunti. La vera domanda che ci si dovrebbe fare è *perché* stiano ancora lì.

5

L'ARTE DELLA GUERRA IN AMORE

Equilibrio e rapporti di forza

Si dice aperto *un terreno in cui la forza dell'attacco è pari per noi e per il nemico*[1].

È possibile applicare i princìpi di Sun Tzu anche in amore a patto che non vengano intesi come stratagemmi per prevalere sull'altra persona. D'altra parte, concepire l'amore come una guerra in cui qualcuno debba vincere e qualcun altro debba perdere significa partire già col piede sbagliato.

La cosiddetta "guerra fra i sessi" è un vecchio luogo comune che nasconde un forte disagio della nostra società dove i ruoli sono stati più volte deformati e nel frattempo non si è mai arrivati a un codice condiviso fra i generi. Nessuna "liberazione sessuale" è arrivata dopo i movimenti degli anni Sessanta. E oggi assistiamo a un decadimento generalizzato nei rapporti sociali che parte da una diffusa maleducazione sentimentale. Non ci sono più genitori capaci di insegnare ad amare ai propri figli perché loro stessi non hanno ben chiaro che cosa sia l'amore.

Sono invece in aumento i casi di femminicidio all'interno del matrimonio per motivi di gelosia, oppure dopo la separazione per il risentimento di un maschio irrisolto che vive l'abbandono da parte del partner come una sorta di offesa all'immagine che ha di se stesso. Il dover adottare strategie belliche con chi amiamo è un'idea difficile da accettare. Ep-

[1] X, 7.

pure, come vedremo più avanti, ci sono casi in cui occorre difenderci dall'altro partner. Ma la più grande vittoria invece è ottenere un durevole equilibrio fra le parti, in quella giocosa "guerra" che è lo scambio amoroso. Quel confronto quotidiano dove l'obiettivo è vincere insieme, oppure anche combattere insieme all'altro, sostenerlo, e far sì che possa vincere la sua battaglia personale in altri campi.

La strategia della conquista

Ho visto tante guerre-lampo condotte in modo maldestro, ma non ho mai visto un'azione abile che si sia protratta nel tempo[2].

Il corteggiamento può diventare un approccio assolutamente stupido se si riduce all'utilizzo cosciente di stratagemmi per sbilanciare qualcuno che si vede come un obiettivo di guerra, non come persona. È incredibile pensare che nella nostra epoca esista ancora chi sogna di conquistare qualcuno con la logica dell'invasione come se fosse un territorio. Molti preparano una sorta di *blitzkrieg*, magari dopo essere stati istruiti da un corso di seduzione su DVD come il *Mystery Method*, che suggerisce perfino di esercitarsi preventivamente con persone qualsiasi in un locale notturno, come si fa con le manovre militari in vista della "guerra" vera. Ci sono anche metodi di *speed seduction* ("seduzione veloce") che promettono risultati "garantiti" anche nelle peggiori condizioni, ossia facendo cedere subito una donna perfino in presenza del suo partner.

Il problema non è tanto l'esistenza di questi metodi, quanto il successo che riscuotono oggi presso una moltitudine di maschi ormai incapaci di comprendere le dinamiche più elementari nelle relazioni interpersonali. Per Sun Tzu l'operazione militare è "abile" se la vittoria avviene spontaneamente. Ma di quale "conquista" stiamo parlando? Breve

[2] II, 6.

o lungo che sia il corteggiamento, in amore si viene conquistati in due. Quando si è vinti dalla seduzione di qualcuno e ci si trova "soggiogati" mentre l'altro non lo è per niente, c'è qualcosa che non va. In amore, occorre essere in due ad arrendersi.

Tecniche di seduzione

Il generale esperto non muove, ma fa in modo che sia il nemico a venire: non lascia che sia lui a condurre l'azione[3].

La tattica più usata dai seduttori di tutte le epoche consiste solo apparentemente nel circondare d'attenzioni la persona che si è deciso di sedurre. In realtà il gioco è molto più complesso e sottile.

La strategia messa in atto inizia con un primo impercettibile approccio con cui viene stabilito il contatto e nello stesso tempo si verifica la disponibilità o quantomeno la curiosità da parte dell'altro. A un primo feedback positivo, si passa a un contatto amichevole e apparentemente disinteressato. Si fa in modo che la persona si abitui a noi come a una presenza gradita e familiare. Poi improvvisamente si scompare. La cosa viene notata subito proprio perché "rompe" quella piacevole consuetudine che eravamo riusciti a creare con un saluto o qualsiasi altro piccolo gesto di presenza quotidiana. Poi si ricompare improvvisamente (con gran sollievo dell'altra persona). E così via, a intermittenza, fino a creare una vera e propria dipendenza nei nostri confronti.

Casanova, nei 73 anni in cui visse, riuscì a sedurre 122 donne e tutte prevalentemente con questo stesso metodo. Sun Tzu descrive questa tattica con la massima: «Quando

[3] VI, 2.

il nemico è ben nutrito, devi farlo morire di fame[4]». Ovviamente questa tattica funziona con persone che hanno bassa autostima e non conoscono o non apprezzano le proprie qualità. Chi ha un rapporto sano con se stesso risulta assolutamente immune a ogni tentativo di seduzione condotto in questo modo.

4 VI, 4.

L'arte della guerra nel matrimonio

Chi sa creare un esercito compatto, con ufficiali e soldati che combattono per un unico fine, conoscerà la vittoria[5].

C'è una bellissima campagna pubblicitaria realizzata nel 2010 dall'Agenzia Richter7 di Salt Lake City, commissionata dalla Utah Commission on Marriage.

Questa campagna parla di come salvare il proprio matrimonio e lo fa coinvolgendo il pubblico con un semplice gioco visivo. Al centro dell'affissione c'è la parola ME ("io"), la M è inscritta in un quadrato tratteggiato. Subito sotto, le istruzioni. «Come costruire una relazione durevole: 1. ritagliare la linea tratteggiata, 2. ruotare di 180°». Così facendo, la M si rovescia e la parola diventa WE ("noi").

Questa è esattamente la strategia che raccomanda Sun Tzu per sconfiggere la disunione: avere lo stesso fine, condividere un progetto e combattere dalla stessa parte. Molte coppie non sono altro che l'unione fra due solitudini. Un'unione di comodo se c'è un minimo di consapevolezza delle circostanze, oppure soltanto unione sbagliata.

Molti pensano che, una volta arrivati al matrimonio, il più sia fatto, la coppia sia unita a tutti gli effetti e il rapporto si regga da solo. Purtroppo, non c'è niente di più falso.

L'unione fra due persone viene da dentro e non dipende dallo stato anagrafico o dall'aver celebrato un rito in chiesa

[5] III, 27.

alla presenza di tutti i parenti e degli amici. Sarebbe troppo facile.

Invece, è un lavoro quotidiano da fare a quattro mani, una pratica che va coltivata tutta la vita. Perché per far sì che un matrimonio sia durevole, occorre combattere. Insieme. Giorno dopo giorno.

Nel tradimento

Dopo aver accerchiato il nemico, lasciagli una via di fuga[6].

Siamo in una società ipocrita in cui nessuno vuole ammettere il tradimento, eppure dietro le quinte gran parte delle coppie sono dedite a questa "seconda attività". Che sia soltanto sognando ad occhi aperti un rapporto di sesso con uno sconosciuto visto per strada, oppure proprio la concretizzazione di quel sogno, da un punto di vista morale la differenza è molto poca: si sta tradendo. Se si scopre però che l'altro ha un rapporto e si riesce anche a sapere con chi, siamo in grado di "accerchiare" la situazione.

Secondo il commento di Tu Mu (letterato vissuto tra l'803 e l'853 d.C.), il passo citato può essere interpretato come: «Mostra al nemico che ha una possibilità di salvarsi, facendogli balenare l'idea che esista un'alternativa alla sua misera fine. Dopo di che, colpiscilo». Ma in questo caso "lasciare una via di fuga" potrebbe significare lasciare una chance al nostro compagno ed eventualmente colpire il rivale, dando indirettamente una lezione al primo. In queste occasioni, soprattutto le donne riescono a tirar fuori uno humour invidiabile. Occorre però chiedersi per quale motivo il nostro partner abbia sentito il bisogno di tradirci. Non basta la giustificazione del "trasgredire", anzi quella parola dovrebbe

6 VII, 34.

far suonare tutti i campanelli d'allarme, perché significa che l'unione era vissuta come una prigione, non come una scelta determinata dall'amore e dalla libertà di poter essere pienamente se stessi insieme. E le responsabilità sono sempre ugualmente ripartite...

Nella separazione

Conosci il nemico e conosci te stesso, in cento battaglie non conoscerai pericolo[7].

Molti uomini, terrorizzati dalla prospettiva che la moglie stanca delle loro prepotenze chieda la separazione, mettono in atto una strategia di minaccia preventiva, tesa a terrorizzarla. A intervalli ben dosati ripetono: «Se ci separiamo, perderai tutto...» (figli, denaro, casa, ecc.). Questi uomini sanno bene che se lei non si lasciasse ricattare, non avrebbero scampo e molto probabilmente sarebbero loro a perdere tutto.

È la stessa tattica che nel regno animale usano molte specie i cui individui all'occorrenza si gonfiano per apparire animali diversi e pericolosi. Molte donne restano paralizzate dalla paura per molto tempo. Questa tattica è basata sull'isolarle progressivamente per spezzare i loro legami con il reale (il confronto) e costruire un panorama del tutto immaginario in cui segregarle portandole alla paralisi. E infine, offrire loro perfino una "mano amica"!

Purtroppo, funziona. Sun Tzu ricorda che in battaglia non basta conoscere il nemico, occorre prima di tutto conoscere se stessi. E conoscere se stessi in questo caso significa conoscere i propri diritti. L'attacco di tipo psicologico fa leva solo sui doveri familiari e attiva l'arma della

[7] III, 31.

colpevolizzazione. Occorre invece ricordare sempre quali siano i nostri diritti e tornare subito sul piano della realtà consultandosi con un avvocato o semplicemente con un amico. Si scoprirà che il nemico era una tigre di carta e il solo fatto di aver reagito capovolgerà istantaneamente i rapporti di forza.

Nell'amore fra colleghi

La loro riuscita in guerra non dipende dalla fortuna. Per vincere basta non commettere errori. "Non commettere errori" vuol dire mettersi in condizione di vincere sicuramente[8].

La casistica dei rapporti amorosi sul luogo di lavoro è quanto mai variegata. Ci sono aziende che chiudono un occhio e credono anzi che entro certi limiti la nascita di questi rapporti favorisca la produttività e la voglia di andare in ufficio. Altre aziende, in verità la maggioranza, vedono invece questa evenienza come un pericolo. È rimasto famoso a questo proposito uno slogan interno destinato al personale di una grande multinazionale: *Never in Lever* (non fatelo mai dentro alla Lever).

È meno pericoloso quando accade fra single o fra sposati, estremamente pericoloso fra coniugi. Nei primi due casi il nemico è tutto l'ambiente lavorativo che si divide subito in due fazioni opposte, i tifosi e gli invidiosi, creando ulteriori disagi interni. Perché è quasi impossibile che non si venga a sapere. Gli amanti un po' troppo focosi possono arrivare perfino a rischiare il licenziamento. Ma se proprio non si può evitare la reciproca attrazione e l'innamoramento, non si deve diventare facile bersaglio per il nemico. Sun Tzu avverte di "non commettere errori". Questo significa darsi la disciplina necessaria per mantenere in ufficio una condotta non solo irreprensibile, ma assolutamente insospettabile, e

8 IV, 12.

aspettare ogni giorno di poter stare insieme fuori, possibilmente lontano dal luogo di lavoro, evitando di mostrarsi insieme anche nelle occasioni sociali in cui siano presenti dei colleghi. L'alternativa a questa tattica è esattamente il contrario: fare tutto alla luce del sole, ovvero "giocare" a essere quello che si è realmente. Questo disorienterà il nemico che si aspetta di cogliere il pur minimo segnale rivelatore dai comportamenti di una coppia che fa di tutto per restare clandestina. I nostri appariranno soltanto come due colleghi che sul lavoro si divertono a provocarsi a vicenda fingendo di essere una coppia, e alla fine gli altri smetteranno di interessarsene. Invece erano una coppia veramente! Ma per giocare a questo livello, sotto il naso di tutti, occorre grande disciplina e autocontrollo.

Il terzo caso cui si accennava, è senza dubbio il più pericoloso per chi lo vive: una coppia sposata, nello stesso ambiente di lavoro, diventa una bomba a orologeria in caso di litigio e di separazione. Perché quando finisce l'amore il nemico diventa improvvisamente il coniuge e il campo di battaglia diventa l'ufficio dove i due sono costretti a continuare a lavorare, mentre inizia la battaglia legale per la separazione. In molti casi è la donna a riuscire a mantenere il posto, vincendo l'estenuante guerra psicologica ingaggiata dal marito che la attacca sul piano professionale. Il più delle volte lei non abbassa la guardia e continua a svolgere le sue mansioni con più attenzione e diligenza di prima. Diventa professionalmente inattaccabile, nonostante lui non aspetti altro che un suo errore per recarle un danno mettendola in cattiva luce presso la dirigenza. Ma a cedere con i nervi sarà sempre lui, che alla fine rimarrà sconfitto.

Nel sesso

Un territorio che, una volta conquistato, porterebbe vantaggio sia per noi sia per il nemico, è un territorio conteso[9].

È nel sesso che si esprime completamente la nostra maturità o immaturità sentimentale. Qualcuno ha detto che per conoscere bene una persona basta andarci a letto. Lo confermano quei passi della Bibbia in cui per dire che un uomo e una donna hanno avuto rapporti di sesso viene usata l'espressione "si conobbero". Purtroppo, oggi la maleducazione sentimentale diventa spesso anche maleducazione sessuale, che è molto più diffusa della violenza privata. Più diffusa e più invisibile, perché resta nascosta nel segreto della camera da letto, poi in molti casi rimossa e in altri sopportata per convenienza. La maleducazione sessuale è determinata dall'assoluta incapacità di relazionarsi con l'altro, di mettersi in gioco.

Moltissimi giovani maschi italiani escono (tardi) dalle famiglie di origine senza ancora essere risolti e si sposano in queste condizioni adempiendo a ciò che formalmente rimane degli obblighi sociali. Praticamente non superano la fase masturbatoria adolescenziale e la estendono al matrimonio. Senza ancora aver avuto una fase di maturazione usano il corpo femminile per continuare a masturbarsi. Non fanno l'amore, non entrano in relazione con l'altro corpo. Si

9 XI, 4.

masturbano. Lo dimostrano i racconti delle loro compagne, che sempre di più affollano le rubriche di consigli nei giornali femminili. C'è sempre di mezzo un maschio che pensa unicamente al proprio piacere e usa la sua compagna solo come "assistente". Poco più di quanto non facesse da solo di nascosto quando ancora viveva con i genitori. Fra persone adulte e consenzienti tutto è lecito. Ma in amore arrivare a chiedere una prestazione è qualcosa di orribile. Questi gesti dovrebbero venir fuori spontaneamente da entrambi proprio perché ciascuno trova piacere nel piacere dell'altro e più riesce a darlo più ne riceve, senza "tecnica", solo espandendo la propria sensibilità, *ascoltando* il corpo dell'altra persona. Invece quando qualcuno "chiede" o peggio costringe l'altro a fare qualcosa che non desidera, ci si avvicina alla violenza, tanto più infida in quanto camuffata da amore coniugale.

Molte donne si adeguano a subire per anni, giustificando tutto col fatto che evidentemente "agli uomini piace così". In questa incapacità di relazionarsi e di *sentire* l'altro, molte coppie arrivano all'insensibilità totale e, pur di provare qualcosa, decidono di stordirsi con sensazioni sempre più "forti", dallo scambio di coppia in poi. E dire che basterebbe cambiare gioco a casa propria... Sun Tzu suggerirebbe di trattare il letto come campo di battaglia, perché da questa contesa verrebbe un vantaggio reciproco. Proviamo dunque a trasformare il sesso in una guerra giocosa. Smettiamo di accettare passivamente qualsiasi atto pur di salvare un dialogo fra sordi. Alla richiesta di qualcosa che non è nelle nostre corde, rispondiamo imponendo le nostre fantasie. Contrattacchiamo finché, a forza di progressivi aggiustamenti di tiro, l'artiglieria dell'uno centri con precisione tutti i bersagli dell'altro e finalmente si stabilisca un vero dialogo sessuale.

6

L'ARTE DELLA GUERRA NELLA VITA QUOTIDIANA

Nel condominio

Quando il nemico è unito, dividilo[1].

È l'ennesima volta che ci troviamo in minoranza in assemblea di condominio. C'è da fare un lavoro importante per migliorare la qualità della vita nello stabile, una riparazione o un grosso lavoro di restauro interno. Ma ogni volta ci si perde in discussioni inutili o manca il quorum per avere il numero legale. Occorre decidere qualcosa e il fronte degli indecisi sembra più forte e compatto di quella minoranza che fin dall'inizio aveva proposto una soluzione ragionevole. A volte, la decisione viene rimandata fino a quando è il condominio stesso a trovarsi in pericolo. Ad esempio, perché se quei lavori non si fanno entro un certo termine si incorre in una sanzione molto salata da parte del comune. E alla fine, oltre al costo del lavoro, si va ad aggiungere la multa.

Sun Tzu suggerisce che occorre agire in fretta per rompere il fronte nemico. Il nemico qui è costituito dagli incerti (o dai menefreghisti) che impediscono all'assemblea di ratificare una decisione. Fissiamo un appuntamento con ciascuno degli inquilini prima della prossima assemblea di condominio. Invitiamone uno per volta a casa nostra. Accogliamo in salotto il nostro interlocutore dandogli importanza e spieghiamogli le nostre ragioni, facendogli capire

[1] I, 26.

quanto il suo apporto possa essere decisivo per risolvere un problema che coinvolge tutti. Infine, eventualmente, parliamo della sanzione in cui può incorrere il condominio se non si mette in regola. Se faremo così con quanti più inquilini possibili, conquisteremo la maggioranza in assemblea.

Con la pubblica amministrazione

Con l'ordine affronta il disordine[2].

C'è un mostro terribile che si annida nelle nostre istituzioni mietendo vittime ogni giorno. Un mostro dotato di più teste che ragionano separatamente. È la burocrazia. Tutta la sua forza risiede proprio in questa separazione di parti che non comunicano fra loro. Trovarsi ad affrontarlo è spesso una guerra persa in partenza, perché le teste parlanti giocano con noi senza rispondere mai in modo preciso alle nostre richieste ma, contraddicendosi l'un l'altra, ci rimpallano fra di loro fino a quando non sopraggiunge il nostro completo sfinimento. Colmo delle beffe, oggi l'antica idra si è aggiornata dotandosi di un "ufficio relazioni col pubblico" per fingere di avere una sola voce e un solo volto amichevole. Ma dietro c'è lo stesso mostro di sempre, pronto a farsi beffe di noi. Eppure, quando stiamo per soccombere, esiste ancora una strategia per mettere all'angolo questo nemico obbligandolo a ubbidirci. Basta riuscire a far comunicare queste teste fra di loro e, applicando le leggi e i regolamenti fino in fondo, forzarle a rispondere alle nostre richieste. Sun Tzu conferma che quando fra le linee del nemico prevale il disordine, si può attaccare imponendo un ordine. Così, bastano alcune lettere raccomandate in copia conoscenza a

2 VII, 26.

diversi corpi della Pubblica Amministrazione per far sì che gli ostacoli posti dalla burocrazia si sciolgano come neve al sole. Certo che per molti è sempre faticoso fare il primo passo. C'è un'irrazionale paura di risvegliare un potere più forte di noi che, irritato per questo nostro gesto di insubordinazione, possa reagire schiacciandoci. Siamo ancora un popolo servile, non molto avvezzo a difendere i propri diritti.

Avendo avuto la monarchia fino a pochi decenni fa, precisamente fino al 2 giugno 1946, siamo rimasti fondamentalmente monarchici. Lo dimostra la differenza tra la sensibilità verso la tutela dei diritti così diffusa nei Paesi anglosassoni, e la nostra scarsa propensione a ribellarci alla nostra passività per difendere perfino i nostri diritti più elementari; una passività spesso gestita e addomesticata da una sinistra verticista (quindi a sua volta "monarchica"). E questa nostra passività monarchica ha potuto trovare ancora oggi soddisfazione in fenomeni come Bettino Craxi e Silvio Berlusconi. Un atteggiamento che si manifesta del resto anche nella nostra eccessiva riverenza verso l'autorità costituita perfino con gesti inconsapevoli, come rallentare con l'auto mentre passiamo vicino alla polizia, anche se non abbiamo commesso nessun reato. Ma tornando al nostro caso, stavamo semplicemente cercando di tutelare un nostro diritto e ottenere un servizio da chi è tenuto a fornircelo. Se il ritardo nell'erogazione del servizio o l'impossibilità di accedervi rischia di provocarci un danno, non dobbiamo far altro che mettere il potere della burocrazia di fronte a un altro potere che costringa il primo a rispettare la legge e i nostri diritti: una copia della raccomandata può essere indirizzata per conoscenza anche ai carabinieri, ai vigili, al Tar, a seconda del caso specifico. E di fronte all'ordine, il caos dell'idra a più teste si sgonfierà come un soufflé.

Con la banca

Analizzare i vantaggi permette di pianificare. Analizzare gli svantaggi permette di evitare danni[3].

Il sistema bancario italiano si sta adeguando con molta lentezza agli standard internazionali. Ci sono ancora molte cose che non abbiamo, perfino il codice di trasparenza per la tutela dei clienti in Italia è arrivato incredibilmente tardi.

Quando apriamo un conto ormai facciamo tutti attenzione alle più piccole clausole, ma proprio per questo possono sfuggirci condizioni apparentemente ovvie che noi sottoscriviamo senza nemmeno pensarci. «La carta di credito è compresa nel contratto e non ci sono spese accessorie, è gratuita» dice l'impiegato mentre firmiamo. E invece si tratta di una carta revolving, di quelle cioè che permettono la rateizzazione delle spese. Lì per lì sembra che qualche acquisto in più faccia crescere di poco la rata mensile, poi però si perde il controllo della situazione e si arriva a pagare l'equivalente di un mutuo per gli interessi accumulati.

La responsabilità di questo è solo nostra. Perché abbiamo permesso alla banca di accedere alla nostra economia familiare intaccandola con un terribile stillicidio che ben presto pregiudicherà il nostro bilancio. Sun Tzu dà una grande importanza all'aspetto della pianificazione, senza il quale non

[3] VIII, 13.

può esserci strategia e i risultati di ogni azione successiva diventano aleatori. Aboliamo le carte di credito e usiamo soltanto il Bancomat e le ricaricabili, che oltretutto offrono maggiore sicurezza negli acquisti in internet e limitano i danni economici nel caso di uno scippo.

Con il gestore telefonico

Evita di abboccare alle sue esche[4].

Dal momento in cui cambiamo gestore telefonico, per qualche tempo stiamo tranquilli. Dopo meno di un anno, però, cominciamo improvvisamente a diventare bersaglio di offerte commerciali e siamo soggetti a un attacco frequente talvolta anche da parte del marketing del nostro stesso gestore, che cerca di venderci sempre nuove “irrinunciabili” offerte di tariffa. Eppure avevamo chiesto di non ricevere pubblicità. Con le altre compagnie telefoniche ci sono alcuni semplici accorgimenti per ovviare a questo: chiediamo all’operatore da dove ha preso i nostri dati personali e chi sia il titolare della banca dati; confermiamogli di non voler ricevere più offerte; chiediamo che vengano cancellati i nostri dati dall’elenco-contatti del call center. Se insistono, facciamo una segnalazione all’Autorità garante della privacy e se per caso il nostro numero è ancora presente sugli elenchi telefonici, iscriviamoci al Registro pubblico delle opposizioni.

Ma capita anche che a questa rottura di scatole si aggiunga il gestore precedente, che improvvisamente si sveglia e cerca di farci tornare indietro con un bombardamento di offerte e di “grandi opportunità”. Come hanno dimostrato le associazioni per la tutela dei consumatori, se c’è qualcosa che è

4 VII, 32.

veramente difficile da capire sono le proposte di contratto telefonico, in cui non c'è mai nulla di chiaro. Se poi cerchiamo di farci spiegare meglio in che cosa consista un'offerta, accade che alle nostre richieste di approfondimento (soprattutto sul tema "cosa accade dopo i primi tre mesi in cui il prezzo è *bloccato*?") il venditore del call center si dimostri del tutto incapace di spiegarci qualcosa. Ripete il "disco vendita" che ha imparato a memoria come una macchinetta e non c'è verso di sapere nient'altro. Quando gli proponiamo «Senta, ho capito, casomai mi può inviare un prospetto, un dépliant, che so... qualcosa di scritto per poterci ragionare sopra e decidere? Anche per posta elettronica naturalmente...», l'operatore lascia cadere il discorso e tenta per l'ultima volta di ripetere la stessa solfa recitata velocemente come una macchinetta. Non c'è niente da fare. In queste condizioni, non è possibile valutare nessuna offerta. Sun Tzu consiglia di non cedere facilmente alle esche del nemico. Anche quando si traveste da amico. Perché quello con cui stavamo parlando non era la nostra compagnia telefonica, ma l'ultimo ingranaggio del suo settore marketing che fa con noi qualcosa che sarebbe condannato da tutti i testi sacri del marketing: vendere a tutti i costi anche quando il cliente è già soddisfatto. Per imparare a dire di no, dobbiamo chiederci per quale motivo si mostrino così gentili con noi e ci riempiano di offerte sempre più vantaggiose. Il motivo c'è: il vecchio contratto che ancora abbiamo è svantaggioso per loro e in alcuni casi quella tariffa è stata abolita perché la società ci andava in perdita. Un'esca inventata dal marketing per recuperare entrate, dopo che le tariffe che loro stessi avevano inventato si sono dimostrate un boomerang per l'azienda. Quindi, prima di accettare una nuova tariffa cerchiamo sempre di capire bene tutti gli estremi dell'offerta.

Nel modo di abitare

Un esercito senza malattie è invincibile[5].

I grandi generali cinesi dell'antichità curavano anche la salute dei propri soldati scegliendo le migliori condizioni ambientali, controllando un'alimentazione corretta e le giuste pratiche per mantenerli in salute. È al generale Yue Fei, ad esempio, che dobbiamo la preziosa serie di esercizi detta degli "Otto Pezzi di Broccato" da lui ideata per migliorare la salute dei soldati e far recuperare loro più rapidamente le energie dopo la battaglia.

Ma i generali conoscevano anche il Feng Shui e sceglievano le posizioni e le disposizioni migliori degli accampamenti per evitare energie parassite e rigenerare il Qi (ovvero l'energia, la forza) della truppa. Ma noi siamo l'esercito di noi stessi e dobbiamo riporre la stessa attenzione al nostro stile di vita se vogliamo mantenerci pronti ad affrontare tutte le nostre battaglie. Dobbiamo curare il clima negli ambienti in cui viviamo, l'esposizione alla luce, il condizionamento e il riscaldamento, lasciare gli spazi vitali necessari a ciascun componente di un ambiente di lavoro; la giusta disposizione dei mobili e degli oggetti rende le persone più socievoli e disposte a collaborare, ma soprattutto limita le situazioni di stress e previene malesseri. In Cina gli esperti che ven-

[5] IX, 15.

gono consultati ancora oggi in queste cose sono medici, non architetti. Lo stesso vale per l'organizzazione ergonomica dello spazio di lavoro (scrivania, pc, sedia) che concorre alla prevenzione di malattie. Ecco poche regole essenziali note anche ai generali dell'antichità.

In casa: la camera da letto deve essere separata dalle altre, deve trovarsi lontano dall'ingresso dell'appartamento. La camera dei bambini dovrebbe essere orientata a est, in armonia con il sole nascente, mentre quella delle persone anziane a ovest. Il letto non deve avere i piedi né la testata di fronte alla porta, ma va messo dal lato opposto della stanza. Non va posto direttamente sotto a una finestra, per evitare di essere colpiti violentemente dai raggi solari. E non va messo nemmeno in mezzo al flusso di corrente che circola tra la finestra e la porta. Evitare che ci siano spigoli diretti verso il luogo del riposo. La testata va orientata verso nord e i piedi verso sud. Nel soggiorno il divano non va messo di fronte a una porta, per evitare di ricevere troppe correnti energetiche. La cucina non dev'essere accessibile direttamente dall'entrata principale, per proteggere il luogo dove si prepara il cibo dalle energie negative. La porta deve trovarsi sempre alle spalle di chi cucina.

In ufficio: la scrivania va sistemata in modo da avere sempre una chiara visione della porta e le spalle protette da un muro. Dovrebbe essere priva di oggetti, per favorire la concentrazione e la circolazione d'energia positiva. Il computer e il telefono ai nostri lati, rispettivamente a sinistra e a destra. Come in casa, va fatta attenzione al tipo e alla disposizione dell'arredo, in modo da evitare gli incroci a T o a L, gli spigoli vivi, i pilastri quadrati, gli scaffali aperti e le travature scoperte. Ci sono invece oggetti come i cristalli, le ciotole piene d'acqua, i fiori e le piante, che se disposti in modo corretto, possono diventare dei generatori di energia positiva capaci di contrastare il Qi negativo. Sun Tzu ripete spesso che l'essere invincibili dipende solo da noi. In questo caso, da come sappiamo difendere anche la nostra salute.

Al supermercato

Un terreno in cui la forza dell'attacco è pari per noi e per il nemico si dice terreno aperto. *Su questo terreno sfidare allo scontro è rischioso e combattere non è vantaggioso*[6].

È sabato pomeriggio, siamo in ritardo su tutto e dobbiamo assolutamente trovare un parcheggio nel centro commerciale. L'afflusso di gente è un vero e proprio delirio e non si trova un posto nemmeno a pagarlo. Giriamo più volte per l'enorme garage multipiano, ma non c'è niente da fare. Ci sono macchine parcheggiate perfino negli angoli dove si gira. Improvvisamente, si libera un posto. Scattiamo in avanti. Ma non siamo i soli ad arrivare lì. Un'altra macchina punta dritta al posto che volevamo prendere noi. Fa finta di non averci visto. Siamo arrivati insieme, abbiamo gli stessi diritti. Ma questi non si affannano nemmeno a chiedere se siamo arrivati prima noi. Sono una coppia giovane, aggressivi e tatuati tutti e due, con la musica al massimo volume. Noi non abbiamo tempo da perdere e decidiamo di puntare direttamente a occupare il posto, tanto anche noi possiamo far finta di non averli visti. Loro non demordono, l'auto fa una violenta sgommata e si para davanti alla nostra come per sfidarci a fare un passo in più. Noi decidiamo di non arretrare. Allora, com'era prevedibile, chi abbiamo davanti comincia a comportarsi da bullo (per inciso, possono tirar fuori lo stesso comportamento anche insospettabili pensio-

[6] X, 7.

nati di età matura) scende dalla macchina e si avvicina minaccioso. «A stronzo, perché te ce sei messo te?» Tentiamo di parlamentare: «E perché dovevi mettertici tu? Siamo arrivati insieme!». «Appunto! Nun avevi diritto de fregamme er posto!» «Ma non te l'ho rubato, era di tutti e due, ci sono solo entrato per primo.» Dà un pugno sul tettuccio della nostra macchina: «E allora?». E allora la situazione sicuramente sta volgendo al peggio, abbiamo l'impressione che l'altro voglia ormai soltanto litigare. Anzi la certezza, visto che è presente la sua donna e un tipo come quello non ha proprio nessuna intenzione di fare la figura del perdente davanti a lei.

Improvvisamente scegliamo di cambiare strategia. Rispondiamo sorridendo: «Allora, pari o dispari?». Lui, spiazzato dal nostro improvviso cambio di tono, fa finta di non capire: «Checcazzo hai detto?». «Ho detto che ce lo giochiamo a pari o dispari. Se vinco resto, se perdo me ne vado.» La reazione del nostro contendente è confusa, dapprima sembra inebetito poi scoppia a ridere. «Okkey ce sto... tu sei matto, ma ce sto!» Il seguito è semplice ed economico. Trasformando tutto in gioco, abbiamo guadagnato un'opportunità: in caso di vittoria il nostro avversario non potrà più reagire in modo violento e accetterà l'esito, mentre noi avremo costruito un'opportunità in più. E poi, anche se non era morra cinese Sun Tzu avrebbe approvato lo stesso. Perché dove il campo è aperto e le condizioni sono le medesime per i contendenti, è meglio non combattere. Rispetto a come erano messe le cose prima, la nostra idea ha sparigliato le carte e ci ha consentito di guadagnare un cinquanta per cento di probabilità di vincere che all'inizio non avevamo affatto. E, quel che più conta, evitando una rissa.

Con le persone aggressive

Dapprima mostrati timido come una fanciulla, così il nemico aprirà uno spiraglio[7].

L'aggressività è un male che ci avvelena la vita. Un buon motivo per iniziare a praticare le arti marziali che sono la sintesi del pensiero strategico orientale, oltre a costituire da sempre un sistema educativo che non ha eguali. Ancora oggi milioni di persone in tutto il mondo ne apprezzano i benefici, non soltanto in termini fisici, ma anche psicologici e spirituali. Ciò non esclude che queste discipline insegnino anche a gestire situazioni di scontro reali. Prendiamo ad esempio l'arte della "mano vuota", ovvero il karate. Nessun dei suoi praticanti si augurerebbe di dover mai usare quello che ha imparato in palestra. Ma trovandosi in una situazione di aggressione quale strategia adottare nello spirito di questa disciplina?

Il primo dei *Venti princìpi guida* di Gichin Funakoshi, padre fondatore del karate moderno, dice: «Nel karate non esiste iniziativa». Ciò non significa solo la totale assenza di un principio di aggressione, ma anche che, nei casi in cui occorra combattere, non si dovrebbe mai attaccare per primi lasciando che sia l'avversario a fare la prima mossa. È un principio che deriva direttamente dalla filosofia di Sun Tzu, che ha ispirato tutte le arti marziali dell'Estremo Oriente.

[7] XI, 69.

Mostrarsi quasi sprovveduti trae in inganno anche il più smaliziato dei combattenti. Tranquillizza l'avversario e gli fa abbassare la guardia. Nell'attimo in cui lo farà, potremo chiudere la partita reagendo con un comportamento imprevedibile, perfino con un «vieni, che ti offro un caffè», oppure girando i tacchi evitando la rissa che ci avvelenerebbe l'umore e la giornata.

7

L'ARTE DELLA GUERRA NEL "MEDIA EVO"

Con la televisione

Evita il nemico dove è forte[1].

Siamo tutti vittime della televisione. Quello che negli anni Cinquanta sembrava un inoffensivo elettrodomestico è diventato lo strumento principale per il controllo sociale e per condizionare le scelte economiche e politiche delle masse. Non è una novità. Già verso la fine degli anni Settanta, Jerry Mander, un pubblicitario americano "pentito" poi convertitosi alla comunicazione sociale fondando la prima agenzia non-profit, aveva previsto il pericolo che la tv avrebbe rappresentato nei decenni successivi. Scrisse un libro intitolato *Quattro argomenti per eliminare la televisione* e fu scambiato per un pazzo visionario, ma aveva solo guardato più lontano degli altri: i suoi argomenti diventarono attuali vent'anni dopo. Negli anni Novanta, un altro autore americano, George Gilder, con una certa dose di ottimismo prefigurò addirittura il tramonto del piccolo schermo con il suo pamphlet *La vita dopo la televisione*. Invece la televisione sta ancora lì e sembra godere di ottima salute. È lo strumento ideale per le moderne "democrazie dittatoriali", perché dà a tutti l'impressione di potersi esprimere e di poter avere accesso allo spettacolo, ma in realtà si tratta del medium mono-direzionale per eccellenza: a differenza di in-

[1] I, 22.

ternet, non permette nessuna interazione con il palinsesto e quindi la sua funzione principale è la persuasione. Oggi chi detiene il controllo della televisione ha il potere di arrivare veramente a tutti, e di essere l'unica fonte d'informazione per molte persone che in cambio di un po' di intrattenimento accettano che le loro opinioni vengano manipolate. È questa la forza della televisione.

Sun Tzu ci avverte di evitare il confronto con un nemico più forte perché non basta l'intelligenza quando la lotta è impari. Come combattere con la televisione, allora? Non possiamo, è troppo forte. Possiamo al massimo spegnerla. Tutte le persone che sono riuscite a compiere questo difficile passo hanno testimoniato poi di aver recuperato una qualità di vita di cui si erano perfino dimenticate. Lo stesso sta accadendo per internet e in particolar modo Facebook, che per molti è diventato un surrogato della televisione, creando una dipendenza molto simile a quella che avevamo verso il tubo catodico. È il potere di attrazione dello spettacolo contro cui per primo si era inutilmente scagliato Platone e contro cui nella nostra epoca si è scagliato ancora Guy Debord (regista e filosofo francese), altrettanto invano. Purtroppo, la televisione è ancora talmente forte da condizionare perfino internet per l'uso che ne stiamo facendo. Ma se riusciremo a fare quel passo, se riusciremo cioè a staccare la spina di questo inutile elettrodomestico, scopriremo improvvisamente di avere più tempo per la famiglia, più tempo per gli amici, per lo sport, per i viaggi e soprattutto per noi stessi. Scopriremo quanto sia meglio leggere un buon libro, ascoltare i racconti dei nostri vecchi, regalare tempo alle persone a cui vogliamo bene, perdere perfino il tempo che ci avanza con un nuovo hobby, come imparare a suonare uno strumento o fare un lavoro manuale. E allora, avremo vinto.

Difendere la reputazione sul web

Se il generale tiene troppo al proprio decoro,
il suo punto debole sono le calunnie[2].

C'è un momento in cui si ha la netta sensazione che lo scontro sia imminente, eppure l'avversario è fermo. Occorre allora provocare la sua prima mossa e poi attaccare per primi. Sun Tzu suggerisce di colpire ciò che l'avversario ha di più caro. In questo modo verrà allo scoperto e sarà più facile attaccare e avere la meglio.

Un noto grafico italiano, poco pratico delle dinamiche che si sviluppano sul web, dopo un paio di attacchi contro il suo lavoro comparsi su alcuni blog per addetti ai lavori, decise di rispondere. Non l'avesse mai fatto! Si alzò un polverone tremendo e, come risultato, ottenne solo una moltiplicazione degli attacchi e un'eco di messaggi di derisione per la sua reazione. In realtà, chi aveva ordito l'attacco aveva calcolato bene quale fosse il suo punto debole, ciò a cui in assoluto teneva di più: la propria immagine. Invece, sarebbe bastato ignorare completamente gli attacchi e nessuno sarebbe più tornato sull'argomento.

Questa strategia si può usare in tanti campi ma sul web e nei media in genere trova più applicazioni. Sun Tzu classifica la troppa attenzione alla propria immagine come uno dei cinque tratti caratteriali difettosi in un ge-

[2] VIII, 22.

nerale, quelli che possono causare la rovina dell'esercito e la morte del generale stesso. Nelle professioni creative e d'ingegno, l'unica risposta che si può dare agli attacchi dei detrattori è il nostro lavoro. Occorre quindi non dare ascolto alle critiche e continuare a lavorare al meglio delle nostre capacità.

Contro gli attacchi anonimi in internet

Se si deve attaccare un esercito, dare assedio a una città fortificata e uccidere una persona, occorre conoscere il nome proprio e di famiglia del generale, dei suoi amici più stretti, del suo assistente, degli uomini della sua scorta e degli attendenti[3].

La mancanza di una legislazione chiara riguardo a internet, tema su cui le nazioni non riescono ancora a mettersi d'accordo, permette molti reati e talvolta anche crimini. I più diffusi sono favoriti proprio da queste differenze legislative. Mettiamo ad esempio che qualcuno ci voglia insultare anonimamente. Su internet si può fare senza essere facilmente perseguibili. Basta aprire un blog su un server americano (le piattaforme sono tantissime: Blogger, WordPress, ecc., che offrono spazio gratuito a chiunque senza chiedere le sue generalità). Da qui parte l'attacco che sarà visibile in Italia. L'anonimo sa benissimo che non possiamo fare nulla: sui server americani vigono la territorialità e le leggi americane e se vogliamo denunciare l'anonimo, per richiedere le sue generalità dovremo ottenere la disposizione di un giudice americano. Che le fornirà, a sua discrezione, solo su richiesta di un giudice italiano. Spendere soldi per una cosa del genere dipende solo dalla gravità dell'attacco. Per questo in genere gli anonimi la passano liscia. Sun Tzu raccomanda di cercare di conoscere il nome del nemico prima di attaccare,

[3] XIII, 16.

e se non è possibile ottenerlo si può arrivare a conoscerlo seguendo i suoi amici. Qualcuno, prima o poi, lascia tracce, soprattutto nel social web che, per sua caratteristica, è appunto "sociale". Consultiamoci prima con la polizia postale e armiamoci di pazienza.

Ci iscriviamo con falso nome a LinkedIn apparentemente per motivi professionali, oppure a Flickr, poi apriamo un blog sull'argomento di cui si occupano gli amici del nostro nemico, e predisponiamo la rete per attirarli e per fare amicizia con ognuno di loro, portandoli alla fine a rivelarci la sua identità. Si può completare il "sistema" aggiungendo una pagina su Facebook, sempre con il nome falso e collegando tutti gli ingranaggi a un account di Twitter o di FriendFeeds, che permetta di distribuire notizie e inviti alla piccola community che avremo creato. Ricordiamo di produrre con una certa cadenza contenuti divertenti e pertinenti. L'ambiente a cui appartiene il nostro nemico è il nostro stesso ambiente e per smascherarlo dobbiamo stare molto attenti a non farci riconoscere, recitando fino in fondo la nostra nuova identità con i suoi amici più vicini. Dobbiamo fare in modo di accerchiarli e trattenerli per un po' nella minuscola rete social che avremo creato, facendoli entrare nella finta pagina di Facebook dedicata a un tema di loro interesse. Se ben costruita, la pagina finirà per essere frequentata da tutto l'entourage del nemico e sarà possibile intessere relazioni personali con molti di loro, fino a ottenere le informazioni che ci occorrono.

Non è escluso che, attirato da questa novità, faccia ingresso trionfale nella nostra rete anche il nemico con il suo solito nickname. A questo punto avremo la sua identità e potremo ordire un memorabile scherzo per rendergli la pariglia.

L'arte della guerra su YouTube e sui blog

Colui che usa il fuoco per sostenere il proprio attacco è sagace: colui che usa le inondazioni è potente[4].

Forse non esiste "l'attacco perfetto". Ma quello che si può fare oggi in internet, con YouTube, si avvicina di molto a quest'idea. Soprattutto se l'azione è ben strutturata, di alto profilo. Aprire un canale su YouTube è come disporre di una stazione televisiva personale che permette di lanciare messaggi mirati cogliendo di sorpresa l'altra parte, spiazzandola, senza che questa possa facilmente replicare, e soprattutto creando consenso intorno a noi e ai nostri argomenti. Più gli argomenti sono forti e provocatori, più ci sarà eco in rete e, fuori della rete, anche sui giornali. Tutto questo contribuirà a fare terra bruciata intorno al nostro obiettivo, nella miglior tradizione di Sun Tzu.

Un esempio è stato il canale Teledurruti creato su YouTube nel 2008 dallo scrittore Fulvio Abbate subito dopo essere stato messo da parte dal nuovo direttore de «l'Unità», Concita De Gregorio, succeduta al dimissionario Antonio Padellaro, ormai intenzionato a fondare «il Fatto Quotidiano». Di fronte a un imprevisto del genere, soprattutto dopo anni di collaborazione, un autore potrebbe avere anche un momento di sconforto, se non proprio una crisi di depressione. La sua reazione fu invece un guizzo di crea-

4 XII, 13.

tività che lasciò il segno. Lo scrittore infatti lanciò subito una sua televisione locale (anzi "monolocale" come la definì, visto che per l'occasione aveva trasformato lo studio di casa sua in studio televisivo). Naturalmente il primo bersaglio fu Concita De Gregorio, cui lo scrittore in tutta risposta rivolse uno storico sberleffo inventando, come insegna Buster Keaton, una reazione di segno opposto: ballò una liberatoria samba anti-mobbing davanti alla webcam. In un attimo la samba di Abbate fece il giro di internet e diventò un fenomeno "virale", con un enorme numero di condivisioni su Facebook e su Twitter. Al primo video ne seguirono altri nei quali il nostro anchorman proseguiva di fatto in rete la sua rubrica di critica di costume e Teledurruti, la tv intitolata al rivoluzionario anarchico spagnolo, divenne un vero e proprio cult.

Così, pur non disponendo più di una rubrica da opinionista in un grande quotidiano italiano, Abbate diventò ugualmente il columnist più seguito in internet, per l'aggressività, l'elegante cinismo e l'ironia dei suoi editoriali. Fu ripagato da una visibilità quasi televisiva e da nuove opportunità che non tardarono ad arrivare per il suo lavoro.

Ma un caso ancora più eclatante avvenne un anno e mezzo dopo, nel febbraio 2010, quando un gruppo di cassintegrati della Vinyls di Porto Torres occupò il carcere abbandonato dell'isola Asinara per creare un reality show di protesta contro la chiusura degli stabilimenti. Venne aperto un gruppo su Facebook intitolato *L'isola dei cassintegrati*, con un chiaro riferimento a *L'isola dei famosi*. Lo scopo era di svegliare bruscamente le coscienze degli italiani ottenebrate dagli spettacoli televisivi ironizzando su uno dei generi di spettacolo preferiti e cercare solidarietà per la propria battaglia, possibilmente creando il caso e facendo arrivare notizie ai media nazionali. Dal gruppo, che si riempì immediatamente di migliaia di iscritti, si passò a un'azione di *mail bombing* con ben 2.000 messaggi inviati nel giro di poche settimane a quotidiani e Tg con una pressione costante. *L'isola dei cassintegrati* diventò un fenomeno mediatico: Santoro dedicò a questi nuovi eroi due puntate di *Annozero*, e così se ne occuparono anche *Le Iene* e «il Fatto Quotidiano». Arrivarono messaggi da tutto il mondo con foto di sostenitori che esponevano il logo del blog accanto ai monumenti famosi. Ben presto *L'isola dei cassintegrati* diventò un blog d'informazione e di inchiesta sul lavoro, raccogliendo le vicende di altri cassintegrati come quelli dell'Omsa di Faenza, della Tacconi a Latina, del Sulcis e del Rockbus occupato della Rockwool, mettendo on line perfino una registrazione che testimoniava un episodio di discriminazione degli operai Fiom alla Fiat di Melfi, ripresa poi nel reportage *Fabbrica Italia* di Riccardo Iacona, da *Presa Diretta*; e ancora i licenziamenti in Autogrill. Così, da un piccolo blog è nata una community dedicata a chi vuole denunciare la più grande ingiustizia sociale di questa epoca: la perdita del lavoro.

L'epilogo: da un'idea creativa nata con la forza della disperazione e con pochi mezzi, il piccolo blog de *L'isola dei cassintegrati* dal novembre 2012 è diventato progetto editoriale, partner de «L'Espresso», con inchieste sul tema del lavoro inondando d'informazione un campo di battaglia dove vige normalmente la censura da parte delle aziende. Sun Tzu ricorda due regole auree per ottenere la vittoria: lavorare sul contesto modificando le condizioni intorno all'avversario e impedirgli di rispondere. Cioè, in pratica, *fare terra bruciata* intorno a lui. E subito dopo "inondare" il suo campo.

Su Facebook

Non affrontare mai il nemico vicino a un fiume. Prendi piuttosto posizione su un terreno più elevato, sotto la luce del sole. Non prendere mai posizione a valle della corrente[5].

Il limite del social web, e in particolar modo di Facebook, è costituito dal tipo di relazioni che vi si possono stabilire. È un modello per così dire *orizzontale*, dove tutti si sentono sullo stesso piano degli altri e per questo vengono annullati distanze sociali, ruoli professionali e perfino il rispetto fra le persone. Su Facebook le amicizie di cui ci si circonda servono anche a costruire oppure confermare la propria immagine.

Ci sono personaggi famosi che utilizzano Facebook per riempire la propria pagina di fan che trattano apparentemente come "amici". Questo scatena la corsa all'acquisizione di celebrità nei propri contatti da parte di emeriti sconosciuti che pensano così di conquistare un po' di immagine anche loro per una sorta di "contagio" o di "osmosi". La facilità con cui si entra in un rapporto di amicizia virtuale con chiunque autorizza molti a trattare da pari a pari anche persone che sono più in alto di loro. Ma noi non siamo affatto uguali. E se ci troviamo circondati da sconosciuti che rispondono a discorsi seri in modo beffardo o cercano di ridicolizzarci davanti alle nostre amici-

5 IX, 7.

zie, l'errore è stato soltanto nostro che abbiamo concesso loro troppa confidenza.

Sun Tzu ammonisce di mantenere sempre la giusta distanza dal nemico e di stabilire una posizione bene esposta ma più elevata. E poi limitarsi a interagire solo quando è necessario. Facebook non è una chat.

Su Twitter

Non accamparti in un terreno aperto[6].

Anche nella rete occorre sapersi muovere, conoscere gli spazi d'azione, altrimenti si può incorrere in grossi pasticci. Come quello che ha visto protagonisti i giornalisti Gianni Riotta, Pigi Battista, Stefano Menichini e David Sassoli, la notte del 10 maggio 2012, che rappresenta un caso esemplare di imperizia nell'uso dei social network. In quell'occasione, da un chiacchiericcio fra amici che aveva come oggetto Marco Travaglio, le battute si sono susseguite per tutta la notte montando fino a diventare insulto. Sarà stata l'atmosfera cameratesca che si crea spontaneamente come quando ci si siede all'aperto intorno al fuoco di un accampamento, ma qui si è ignorata completamente una cosa nota a qualunque utente del social web: un commento su Twitter non solo viene letto da migliaia di persone (precisamente dalla somma dei miei followers, dei tuoi e di quelli degli altri), ma rimbalza in rete a una velocità inimmaginabile. L'esito è stato un micidiale articolo di Travaglio che poteva preludere a una querela ma che da solo è stato sufficiente a mettere in pessima luce sul piano professionale i protagonisti.

Molto peggio è andata a Paola Ferrari, conduttrice di Rai Sport che, criticata per la sua trasmissione sugli Europei di calcio 2012, con commenti al vetriolo su Twitter, ha rispo-

6 VIII, 4.

sto dichiarando che avrebbe addirittura portato in tribunale il social network. Non l'avesse mai fatto: immediatamente, con l'hashtag "#Querela con Paola", il popolo di Twitter ha risposto con una miriade di querele demenziali. Tra le più divertenti, quella di *Buddy*: «Querelo Apple perché in un sms invece di "sa" ho scritto "Sto Arrivando" e sono dovuto andare a una festa orrenda"; oppure *Macchianera*: «Dio querela il Cern: "Bosoni sarete voi"»; o *seimitica_90* : «Querelo la Barilla. Perché le penne non scrivono e le farfalle non volano. E le orecchiette non sentono».

Ma ci sono anche casi in cui al posto dell'imperizia c'è la disperazione, come in quello degli attivisti sudanesi che furono arrestati nel giugno del 2012 dai servizi segreti del loro Paese dopo aver lanciato proclami su Twitter per la libertà d'opinione. Spesso si agisce d'impulso senza considerare prima il contesto, cioè il "terreno" in cui andiamo a esporci. Spesso si scambia il terreno da cui far partire l'azione per lo strumento stesso con cui fare la guerra. Eppure, in tutta *L'arte della guerra* non c'è un solo passo in cui si dica che agire in campo aperto è pericoloso o dannoso. «Non accamparti in un terreno aperto» significa non rimanerci troppo a lungo. Ma può anche voler dire che è meglio non abituarsi all'apparente quiete che regna in un grande spazio, meglio fare attenzione al nemico che è sempre in agguato.

Ci sono casi, invece, in cui il campo aperto può diventare una trappola per il nemico. Come quando la blogger e dissidente Yoani Sánchez, fondatrice del sito *Generación Y*, è stata arrestata a Cuba nell'ottobre 2012: dopo sole 30 ore di detenzione Raúl Castro è stato travolto da uno tsunami di tweet e alla fine ha dovuto liberare la blogger. Sun Tzu non smette di ricordarci che spesso sono le condizioni del terreno a determinare il tipo di azione adeguata.

8

L'ARTE DELLA GUERRA NEL MONDO CHE VERRÀ

Nella nuova economia

Chi ha poche truppe, farà grandi preparativi di difesa; chi ha un forte esercito, costringerà il nemico a prepararsi contro di lui[1].

Come sarà la prossima economia, dopo la crisi del modello capitalista e la mancata realizzazione di quello comunista? Guardiamo chi è riuscito a sopravvivere da quattromila anni a questa parte nonostante imperi, rivoluzioni, guerre interne, migrazioni, cataclismi: i cinesi. C'è qualcosa nell'ossatura della loro società che sopravvive a tutto e che commercialmente la rende più forte. Un nucleo fondamentale che può resistere a tutto, per motivi naturali: la famiglia. Un tessuto economico e commerciale compatto basato su cellule familiari e una cultura che intende tutto il popolo a sua volta come un'enorme famiglia è esattamente ciò che rende inattaccabili da un punto di vista commerciale i cinesi e che sfugge ai più esperti economisti. È lì che una filosofia di vita può sconfiggere le leggi teoriche dei numeri. Ed è lo stesso motivo per cui le conoscenze più importanti di questo popolo sono state tramandate integre fino ai giorni nostri, perché la trasmissione è avvenuta di padre in figlio.

Ma prima di arrivare a una "nuova economia" dovremo attraversare un lungo periodo buio di recessione che è appena iniziato. E in tempi di grande incertezza l'unico esercito di cui possiamo disporre resta sempre la nostra famiglia. Le

[1] VI, 18.

imprese familiari sono state la ricchezza dell'Italia per tanti anni e quella resta la strada maestra. Ma tutto va soppesato e valutato con un'attenzione doppia rispetto a quella che si potrebbe riporre verso un'impresa qualsiasi, perché si mette in gioco non solo il nostro futuro ma anche quello dei nostri familiari. Chi fa il manager qui non può essere un irresponsabile così facilmente come si sono rivelati molti manager di aziende più grosse, proprio perché l'azienda che dirigevano non era di loro proprietà. Il controllo familiare dell'impresa invece è sempre potenzialmente virtuoso, sia quando l'assetto proprietario è unitario (una sola famiglia) sia quando è ripartito (due o più famiglie legate da vincoli di parentela o da solide alleanze). La stabilità di questo tipo di impresa è dato dal fatto che, come si dice in termini imprenditoriali, le famiglie apportano "capitali pazienti", perché il loro orizzonte d'investimento a medio-lungo termine è basato sulla stabilità del controllo. E questo ha effetti benefici sulla coerenza nel tempo della loro strategia di fondo.

Non dimentichiamo che la gran parte delle medie imprese italiane è a controllo familiare. Stiamo parlando di quelle realtà con organici da 50 a 499 persone e con fatturato tra 13 e 299 milioni di euro che, secondo le stime di Mediobanca, nel 2010 avevano performance competitive, economiche, finanziarie e patrimoniali superiori alle imprese piccole e a quelle grandi. In vista di una grande battaglia con un piccolo esercito, Sun Tzu raccomanda di compiere grandi preparativi, cioè di muoversi soltanto quando si avrà la certezza della vittoria. Qui non contano le dimensioni, contano le nostre idee, la capacità di realizzarle, la rapidità, la flessibilità e, non ultima, la capacità di rischiare.

Nella nuova politica

> *I comandanti che hanno come sovrano il bene del popolo sono seguiti; quelli che non rispondono al bene del popolo sono ignorati*[2].

L'abbiamo visto nel 2010 con la stesura della nuova Costituzione dell'Islanda fatta direttamente dai cittadini tramite internet. Ma anche in Italia, Paese infinitamente più indietro su questo piano, già il meccanismo delle consultazioni on line ha rappresentato un piccolo passo nella stessa direzione: la partecipazione di tutti alla vita e all'amministrazione del bene comune. L'uso di creare assemblee virtuali dal basso per decidere le cose importanti nella vita politica diventerà talmente normale che questo sviluppo porterà più rapidamente al voto elettronico cui potranno partecipare tutti i cittadini dalle proprie case senza necessità di recarsi ai seggi e senza alcun dispendio di risorse.

Un giorno la vecchia organizzazione della politica verrà soppiantata da un unico super computer che, con l'aiuto di sofisticatissimi modelli di simulazione e di previsione, potrà gestire gran parte di quello che prima veniva governato dalla nostra inutilmente abnorme amministrazione umana. Teoricamente i mezzi ci sarebbero già da adesso, ma è la nostra cultura politica che non è ancora pronta e resiste con modelli anacronistici, che si richiamano cioè a un'epoca in cui le tecnologie di cui disponiamo oggi non esistevano

[2] IX, 56.

ancora e nemmeno potevano essere pensate. Ma immaginiamo che uno dei padri fondatori della democrazia greca, insieme a uno dei padri fondatori del pensiero socialista e uno di quello liberale, potesse ammirare i mezzi di cui disponiamo. Immaginiamo che i tre fossero qui con noi e che noi riuscissimo a spiegare loro quante cose sono in grado di fare le nostre "macchine" e quante cose sono stati capaci di *non fare* i nostri governi. Dapprima si stupiranno per i progressi che abbiamo fatto, ma poi ci chiederanno sicuramente perché non siamo in grado di usare questi strumenti per il bene di tutti e per creare un mondo migliore. E noi non sapremo cosa rispondergli. I nostri governi e il nostro modo di intendere la politica non sono stati in grado di risolvere problemi come quello dell'energia, quello dell'occupazione, quello della povertà e quello dello sviluppo sostenibile. Ma l'interconnessione fra individui, iniziata con la grande rivoluzione di internet, sta provocando un cambiamento epocale.

«A mano a mano che le più piccole componenti del mondo si saldano in una totalità globalizzata, l'unica cosa che non possiamo più permetterci è la *grandiosità*. Ciò significa smantellare bombe, grandi dighe, ideologie, contraddizioni, guerre e grandi errori.» È quanto afferma Paul Hawken nel suo *Moltitudine inarrestabile*. La gente sta perdendo fiducia in chi la governa e la vecchia politica dovrà essere sostituita da un nuovo modello autogestito. Ma dovremo combattere ancora per avere tutto questo. Contro noi stessi e contro quelle forze che difendono il privilegio di pochi. Sun Tzu ci accompagnerà ancora con la sua saggezza, indicandoci la strategia migliore per conoscerci e diventare generali di noi stessi, insegnandoci a vedere gli altri eserciti come alleati e combattere insieme per il bene comune.

Nell'educazione

Perciò, la forma che fa conseguire la vittoria non è ben definita, ma muta ogni volta[3].

I nostri modelli educativi sono vecchi e inadeguati per un mondo che cambia sempre più velocemente. La scuola pubblica e privata, l'università, sono istituzioni lente a rinnovarsi e ad aggiornarsi per stare al ritmo dei cambiamenti sociali, culturali e tecnologici di oggi. Mancano le abilità del fare, già da tempo abolite dalla scuola, ma fondamentali per apprendere il senso pratico, manca un'educazione alla creatività che non si limiti ad allenare capacità creative generiche né tantomeno a solleticare velleità pseudo-artistiche e televisive, dopo un'ondata di berlusconismo che ha istupidito i giovani con modelli idioti. Per "capacità creativa" s'intende non solo la capacità di ideare ma anche di progettare sapendo verificare fin dall'inizio la fattibilità del progetto. Quello che è più evidente in Italia, però, è che manca in tutti i programmi formativi un'educazione al cambiamento. Per fare questo occorre insegnare ad avere una visione d'insieme sviluppando al massimo una didattica interdisciplinare. E questo può farlo un solo insegnante che istruisca in tutte le materie. Un ritorno al tutore quindi, fuori da quelle caserme-prigioni (sia per gli studenti sia per gli insegnanti) che sono le scuole di massa. L'istituzione scolastica potrebbe limitarsi a gestire in *outsourcing*

[3] VI, 29.

queste nuove figure occupandosi della loro formazione, del loro aggiornamento costante e del rispetto di standard ben precisi. L'educatore si prenderebbe cura di un gruppo minimo di studenti, recandosi al loro domicilio come avveniva in tempi passati. E il suo insegnamento si adatterebbe di volta in volta agli allievi personalizzando il metodo. In Giappone un sistema di istruzione e formazione interdisciplinare che inizia già con la scuola media inferiore è stato alla base del grande boom produttivo tra gli anni Settanta e Novanta. In Cina sta accadendo lo stesso. Situazioni che sono lontane anni luce dall'Italia, dove resiste addirittura ancora un analfabetismo diffuso: il 20 per cento degli italiani ha ancora difficoltà a leggere e comprendere un testo semplice; il 46,1 per cento, tra i 16 e i 65 anni, si inceppa di fronte a un testo appena più complesso. E il 38 per cento si trova in condizioni di analfabetismo di ritorno, perdendo negli anni ciò che aveva appreso. Tutto questo nasce da un sistema formativo obsoleto. Tra i sostenitori di un nuovo modo di insegnare "trasversale" c'è da sempre Tullio De Mauro, che cita gli esempi di quei grandi educatori e didatti che per primi si sono ribellati agli ordinamenti scolastici introducendo l'interdisciplinarità che mancava: «Insegnanti che, come faceva Mario Lodi, capovolgono la cattedra e, poggiata contro un muro, la usano come stia per far vedere come nascono e vivono i pulcini. Se si costruiscono e offrono agli studenti buoni video didattici da vedersi a casa quando vogliono, il tempo classe può essere dedicato interamente alla discussione e all'apprendimento attivo». Seguendo i princìpi di Sun Tzu, la battaglia per una nuova educazione si potrà vincere solo con la creatività e adattando a piccoli gruppi un insegnamento interdisciplinare che abitui a cogliere tutte le interrelazioni che ci sono nel mondo, per avere la visione d'insieme che ci consentirà di affrontare il mutamento.

Con la tecnologia

> *Le possibilità di attacco sono soltanto due: l'attacco frontale e quello laterale di sorpresa, ma le loro combinazioni sono infinite e nessuno può conoscerle tutte*[4].

Il tema è molto delicato e se ne sta cominciando a parlare solo adesso. Ci sono quattro "grandi rischi" che minacciano l'esistenza della specie umana: il cambiamento climatico, la guerra nucleare, le biotecnologie "canaglia" e l'intelligenza artificiale. Sui primi tre possiamo ancora avere qualche chance di gestire gli scenari che si aprono: dipende soltanto dalle nostre scelte politiche e da quanto sapremo essere ragionevoli.

Non è affatto così semplice per la quarta area di rischio, l'intelligenza artificiale, il cui sviluppo sta subendo un'accelerazione esponenziale. Presto arriverà il momento in cui la A.I. (Artificial Intelligence) supererà lo sviluppo della razza umana. Le macchine, dotate di intelligenza autonoma, potranno superare in molte funzioni le nostre capacità riproducendosi e perfezionandosi da sole. Il punto di non ritorno è stato già definito come "singolarità" nella teoria di Ray Kurzweil. Da quel momento entreremo in una fase di potenziale conflitto con le macchine. Non è affatto uno scherzo e qualcuno sta già cominciando a preoccuparsi seriamente. Negli ultimi dieci anni sono stati fatti numerosi convegni di ricerca intorno al tema dell'etica dei robot, dell'A.I. e dei

4 V, 11.

nostri rapporti con loro. A leggerne gli atti c'è da rabbrividire. Evidentemente per tutta la comunità scientifica è un fatto assodato che dovremo stabilire un codice di comportamento nei nostri rapporti con le macchine. E non è un caso nemmeno il fatto che nel 2012 l'università di Cambridge abbia creato un centro studi per analizzare e prevenire gli sviluppi di tutte quelle tecnologie che nel prossimo futuro potranno minacciare la sopravvivenza della razza umana. È il *Centre for the Study of Existential Risk*, cui affluiscono alcuni fra i migliori cervelli provenienti da discipline molto diverse fra loro come la filosofia, l'astronomia, la biologia, la robotica, l'economia e la neurologia. Il filosofo Huw Price, uno dei fondatori, ha chiarito bene il presupposto da cui l'istituzione è partita: «Oggi esistono macchine che hanno stracciato le performance umane negli scacchi, nel volo, nella capacità di guidare, nello scambio dei prodotti finanziari e nel riconoscimento facciale nonché in quello vocale. La preoccupazione è che con la creazione di macchine dotate di intelligenza artificiale si rischi di affidare il controllo del pianeta a forme di intelligenza che sono indifferenti verso di noi e verso le cose a noi care».

Se mai dovremo entrare in conflitto con l'intelligenza artificiale come accade in *Io robot* di Alex Proyas, noi umani avremo sempre un vantaggio in più rispetto alle macchine: la nostra imprevedibile creatività. Sun Tzu ci spiega che l'abilità nel condurre una battaglia non consiste nell'eccellere in un tipo di attacco o in un altro, ma nella capacità di cambiare tattica continuamente. C'è una parte nel nostro comportamento che le macchine non possono ancora imitare né prevedere. Ed è la sfera dei sentimenti, delle emozioni, che interferisce con la logica facendo scaturire quelle intuizioni che ci rendono ancora invincibili.

In conclusione: *Si vis pacem para bellum*

Non illuderti che il nemico non arrivi, ma tieniti sempre pronto ad affrontarlo[5].

Forse non ce ne siamo accorti, ma nella nostra epoca si sta compiendo una grande transizione. Nel giro di pochi anni, nulla resterà come prima. Sono stati rimessi in discussione i fondamenti dell'economia capitalista per le tremende conseguenze portate dalla mancanza di regole etiche condivise e la possibilità di concentrare grandi capitali provenienti da bolle speculative a discapito di interi Paesi. L'avevano rivelato, quando ormai era troppo tardi, pochi esperti di finanza tra cui John Perkins con il suo *Confessioni di un sicario dell'economia*, ma né la diffusione di queste informazioni né la sensibilizzazione di più persone grazie a movimenti come quello di *Occupy Wall Street* sono riusciti a impedire il disastro. D'altra parte, l'economia comunista non è mai riuscita a realizzare un modello alternativo perché i presupposti della sua attuazione non erano chiari nemmeno ai suoi fautori.

È finito anche il consumismo e stanno nascendo microeconomie dal basso che si affiancano alle monete ufficiali e presto forse le sostituiranno. Il grande insegnamento di Sun Tzu è nella sua esortazione a considerare il mondo come un sistema di variabili collegate fra loro. E bisogna comprendere che per il taoismo anche la società risponde alle stesse leggi.

[5] VIII, 17.

Dunque, non possiamo più vivere da soli e ragionare da soli. Siamo una rete neuronale. Come hanno previsto Pierre Lévy e Derrick de Kerckhove, l'*intelligenza collettiva* è diventata *intelligenza connettiva*. Se all'inizio degli anni Novanta la primissima versione di internet appariva come un enorme "deserto popolato da solitudini", vent'anni dopo, l'avvento del social web ha fatto conoscere un uso diverso della rete, sono nati movimenti politici, nuclei di aggregazione si sono formati, disciolti e riformati a una velocità simile a quella delle cellule di un enorme organismo vivente e intelligente. Tutto questo sta producendo la nascita di un nuovo mondo e stiamo entrando in una nuova fase della nostra civiltà. Nel frattempo, dobbiamo prepararci. Ci attendono anni molto difficili e verranno messe a dura prova tutte le nostre capacità in uno scenario globale e locale di grande travaglio, come è sempre accaduto in tutte le transizioni. Dovremo affrontare il mutamento e rimetterci in gioco. Ma per sopravvivere a questo confronto dovremo *volerlo*. Ciò significa che dovremo coltivare uno spirito guerriero, quell'atteggiamento che, come insegna la filosofia delle arti marziali, non consiste tanto nell'idea di vincere quanto in quella di non perdere. Cioè nella volontà di combattere tutti i giorni la nostra battaglia dando il meglio di noi stessi in tutte le occasioni, senza arrenderci mai alla mediocrità, senza cedere mai a compromessi con noi stessi, senza avere mai paura di sbagliare. È in gioco la nostra vita, non possiamo sbagliare.

Smettiamo di gioire delle nostre vittorie e impariamo a far tesoro delle nostre sconfitte. È tutto qui il senso dell'*arte* tramandata da Sun Tzu e noi possiamo solo far tesoro di questo insegnamento. Se la vita è una guerra, tanto vale affrontarla a regola d'arte.

SUN TZU

L'arte della guerra

(*testo integrale*)

Traduzione di
BRUNO BALLARDINI

I. Le valutazioni strategiche

1 La guerra è questione di massima importanza per lo Stato: è in battaglia che si decide la vita o la morte delle nazioni, la loro sopravvivenza o distruzione. È dunque prioritario studiare a fondo la strategia.

2 Occorre considerare gli elementi fondamentali della guerra e analizzarli attraverso cinque criteri di valutazione. Solo così sarà possibile determinare la giusta strategia.

3 Il primo degli elementi fondamentali è il Tao, il secondo è il clima, il terzo è il terreno, il quarto è il comando, il quinto è la dottrina militare.

4 Il termine Tao si riferisce a tutto ciò che mette il popolo in armonia coi suoi capi, incuranti di vita e di morte e sfidando anche il massimo pericolo.

5 Il termine *clima* si riferisce alle forze della natura e alla loro azione – il freddo d'inverno, il caldo d'estate – e alla necessità di muoversi sempre in armonia con le stagioni.

6 Il termine *terreno* si riferisce alla distanza e alle caratteristiche del territorio da percorrere, se è facile o difficile, se è ampio o ristretto, e quali possibilità di sopravvivenza o di morte offre.

7 Il termine *comando* si riferisce alla saggezza, alla rettitudine, al coraggio e alla severità del generale.

8 La *dottrina militare* si riferisce ai princìpi di organizzazione e di controllo, di nomina degli ufficiali più adeguati, di gerarchia e

di logistica, e inoltre alla gestione dei mezzi di sussistenza necessari all'esercito.

9 Non c'è generale che non conosca i cinque elementi fondamentali. Chi ne è padrone vince; chi li ignora va incontro alla sua distruzione.

10 Perciò, prima di attuare qualsiasi piano, prendi in considerazione i cinque elementi, e analizzali molto attentamente.

11 Poniti anzitutto queste domande: quale sovrano dispone del Tao più favorevole? Quale comandante è più capace? Per quale esercito la natura e il terreno costituiscono un vantaggio? Quale esercito è più preparato e disciplinato? Quali sono le truppe più forti?

12 Quale esercito ha ufficiali e soldati meglio addestrati?

13 In quale esercito premi e punizioni vengono dati nel modo più saggio?

14 Quando avrai compreso ciò, potrai prevedere quale parte avrà la vittoria e quale la sconfitta.

15 Affida il comando a un generale che sia totalmente padrone dei princìpi strategici che indico, e che li sappia applicare, perché egli avrà la vittoria. Destituisci il generale che si rifiuterà di applicarli: egli sarà sicuramente sconfitto.

16 Il generale saggio analizza dapprima la situazione per soppesare i vantaggi, poi crea le circostanze grazie a cui realizzare i suoi obiettivi schierando l'esercito nel modo più opportuno.

17 Creare le circostanze significa agire rapidamente secondo ciò che è vantaggioso e coordinare l'operazione militare organizzando le giuste strategie.

18 In tutte le guerre è di fondamentale importanza usare stratagemmi.

19 Se sei capace, fingi di essere incapace; se sei attivo, fingi di non esserlo.

20 Se vuoi attaccare da vicino, simula di dover partire per andare lontano; se vuoi attaccare da lontano, simula di essere già arrivato vicino al tuo obiettivo.

21 Attira il nemico con un'esca, fingi disordine fra le truppe, e colpiscilo.

22 Se il nemico è pronto, preparati anche tu; evita il nemico dove è forte.

23 Provoca il generale nemico e disorientalo.

24 Simula di essere inferiore per incoraggiare la sua arroganza.

25 Tienilo sotto pressione sfiancandolo.

26 Quando il nemico è unito, dividilo.

27 Per creare divisioni interne nel nemico occorre suscitare a regola d'arte cinque conflitti: discordia tra gli abitanti delle città e dei villaggi; discordia tra i vari Paesi; discordia all'interno; dissensi che abbiano come conseguenza la condanna a morte; dissensi per ottenere premi o ricompense. Queste cinque specie di conflitto sono come rami dello stesso albero.

28 La discordia tra gli abitanti delle città e dei villaggi è quella che consente di staccare dalla parte nemica gli abitanti che sono sotto il suo dominio e di farli diventare nostri amici per potercene servire.

29 La discordia tra i vari Paesi è quella che consente di portare dalla nostra parte ufficiali che servono nell'esercito nemico.

30 La discordia all'interno è quella che mette a nostro profitto la mancanza di accordo tra gli alleati, tra i diversi corpi militari o tra gli ufficiali che servono nell'esercito nemico.

31 Il dissenso da condanna a morte è quello con cui si tenta attraverso false voci di gettare discredito e sospetti fino a far processare dalla corte del regno nemico i suoi stessi generali.

32 Il dissenso per i premi o le ricompense è quello che si ottiene offrendo un ricco premio a coloro che abbandonano il loro sovrano e passano dalla nostra parte sia per combattere con noi sia per servirci.

33 Attacca il nemico quando puoi coglierlo impreparato e quando meno se l'aspetta.

34 Sono queste le chiavi della vittoria. La loro importanza è indiscutibile.

35 Non far trapelare con nessuno quale sarà il tuo schieramento e la tua strategia.

36 Se le valutazioni che emergono dal Consiglio dei Saggi prima della battaglia indicano vittoria, significa che dai loro calcoli la

nostra forza risulta superiore a quella del nemico. Se invece indicano sconfitta è perché la nostra forza è inferiore.

37 Soltanto una valutazione esatta di tutte le condizioni permette di vincere. Le valutazioni sbagliate conducono alla sconfitta. Tuttavia, le probabilità di vincere di chi non fa nessun calcolo sono ben esigue! Con i principi che ho elencato si potrà valutare qualsiasi situazione e il risultato finale si definirà da solo.

II. I preparativi

1 In condizioni normali, per le operazioni belliche occorrono circa mille carri da guerra veloci tirati da quattro cavalli, mille carri da trasporto coperti e centomila soldati.

2 Se si trasportano gli approvvigionamenti per un migliaio di *li*[1], le spese complessive in patria e sul campo di battaglia, inclusi gli stipendi per il mantenimento dei consiglieri e dei visitatori, i materiali come colla e lacca, i carri e le armature, arrivano a mille pezzi d'oro al giorno. Se hai questa capacità finanziaria, puoi arruolare centomila soldati.

3 In guerra ciò che conta è la vittoria. Quando la guerra dura troppo a lungo, le armi si spuntano e il morale scende. Quando un esercito tiene sotto assedio per troppo tempo una città, le sue forze si esauriscono in fretta.

4 Se il nemico s'impegna troppo a lungo, non gli basteranno più le risorse dello Stato.

5 Quando le armi sono spuntate, si è spento l'entusiasmo, la forza manca, il denaro è finito, chi è più vicino può approfittare delle tue difficoltà e attaccarti. Nemmeno i saggi potranno consigliarti un modo per capovolgere la situazione.

6 Ho visto tante guerre-lampo condotte in modo maldestro, ma non ho mai visto un'azione abile che si sia protratta nel tempo.

7 Non ho mai visto condurre una guerra a lungo nel tempo e trarre vantaggio da questo.

1 Unità di misura utilizzata nell'antica Cina, pari a circa 360 metri; 1.000 *li* equivalgono a 360 km.

8 Chi non ha conosciuto a fondo i mali di una guerra, non sarà mai in grado di valutare nemmeno i vantaggi che ne derivano.

9 Il generale esperto non ha bisogno di arruolare nuovi soldati né di aumentare gli approvvigionamenti.

10 Il generale avveduto si equipaggia in patria ma si procura approvvigionamenti sottraendoli al nemico. In questo modo l'esercito non mancherà mai di cibo.

11 Trasportare gli approvvigionamenti necessari alla guerra per lunghe distanze impoverisce gli Stati: se vorrai trasportare molto lontano carri e salmerie ridurrai il popolo alla fame.

12 Dove c'è un esercito i prezzi aumentano. Dove i prezzi aumentano il popolo si impoverisce. Quando si è esaurita ogni ricchezza, il popolo troverà insopportabile la pressione fiscale.

13 Quando le sue finanze saranno consumate, lo Stato aumenterà le tasse. Beni e risorse svaniranno, e il Paese arriverà alla fame. I contadini perderanno i sette decimi dei loro guadagni, e il governo i sei decimi delle entrate.

14 Le spese cui il governo dovrà far fronte per riparare o sostituire i carri da guerra, sostituire i cavalli esausti, le armature, gli elmi, le frecce, le balestre, le lance, gli scudi e le corazze, gli animali da tiro e i carri da trasporto, equivalgono al sessanta per cento delle sue risorse.

15 Perciò, il generale esperto e abile farà qualsiasi cosa affinché le sue truppe consumino cibo strappato al nemico, perché uno zaino di provviste tolto al nemico ne vale venti dei propri; un cesto di foraggio nemico ne vale cento dei propri.

16 Attacca il nemico con ardore.

17 Saccheggia le riserve del nemico e distribuiscile fra le truppe come giusto premio.

18 Perciò, se lo scontro porta alla cattura di carri nemici, ricompensa chi ne catturerà dieci per primo.

19 Togli subito le bandiere e gli stendardi dei nemici e sostituiscili con i tuoi, metti i carri catturati fra i tuoi e utilizzali a beneficio del tuo esercito.

20 Tratta bene i prigionieri e fornisci loro ciò che è necessario.

21 Questo è il significato del detto "vincere la battaglia e diventare più potenti".
22 Lo scopo principale della guerra è quello di vincere, non di fare operazioni prolungate.
23 Per questo, un generale che conosce l'arte della guerra diviene giudice dei destini del suo popolo e fulcro dei destini della nazione.

III. La strategia d'attacco

1 In guerra la cosa migliore che si possa fare è conquistare uno Stato intatto. Portare devastazione per conquistarlo significa ottenere un risultato minore.
2 Catturare un esercito intatto è meglio che sterminarlo. E lo stesso vale per una divisione, un battaglione, una compagnia. Questo è il principio fondamentale dell'arte della guerra.
3 Ottenere cento vittorie in cento battaglie non è la più grande abilità. Sottomettere il nemico senza combattere è il trionfo massimo.
4 Il generale esperto agisce contro la strategia di quello meno esperto. Questa è la prima cosa necessaria.
5 La seconda cosa necessaria è spezzare le alleanze del nemico.
6 La terza cosa necessaria è attaccare l'esercito del nemico.
7 La tattica più rischiosa è assediare una città. Puoi rischiare solo se non hai alternativa.
8 Per preparare i carri protetti dagli scudi, e tutte le armi e l'equipaggiamento necessari all'attacco, occorrono tre mesi; per erigere barriere difensive con la terra davanti alle mura del nemico, occorrono altri tre mesi.
9 Se il generale non sa vincere la propria impazienza e lancia le truppe all'assalto di una città come uno sciame di formiche, manderà a morte un terzo dei soldati senza peraltro conquistarla. Queste azioni manifestano una stupidità assassina.
10 Il generale veramente esperto sa sottomettere il nemico senza combattere, prendere le sue città senza assalirle direttamente, e conquistare lo Stato nemico senza dover fare una lunga guerra.

11 Se l'obiettivo è quello di riuscire a prendere *Tutto Ciò che Sta Sotto il Cielo*, cerca di conservarlo integro, così non dovrai mantenere le truppe di occupazione e dall'azione potrai avere pieni vantaggi. Questa è la regola per pianificare l'assedio.

12 Ecco le regole per impiegare le truppe. Se sei dieci volte superiore al nemico numericamente, accerchialo.

13 Se la tua forza è cinque volte superiore alla sua, attacca con veemenza.

14 Se la tua forza è il doppio della sua, dividiti.

15 Se le forze sono eguali, puoi ancora ingaggiare battaglia.

16 Se sei inferiore in tutto, ritirati.

17 Se la sproporzione tra le forze è netta, cerca di sfuggire al nemico. Se ti ostini a cercare lo scontro sarai fatto prigioniero, perché, per una forza più potente, una forza esigua diventa preda desiderata.

18 Il generale è considerato il protettore dello Stato. Se la sua protezione si estende su ogni cosa, lo Stato non potrà che essere forte, se è insufficiente non potrà che essere debole.

19 In tre modi un sovrano può danneggiare il suo esercito.

20 Il primo modo è quando ordina alle sue truppe di avanzare o ritirarsi nelle circostanze sbagliate. Questo vuol dire "ostacolare l'esercito".

21 Il secondo modo è quando assume il comando dell'esercito senza saper comandare. Ciò provoca incertezza tra gli ufficiali.

22 Il terzo modo è quando dirige le operazioni militari senza conoscere l'arte delle manovre. Ciò provoca incertezza fra le truppe.

23 Se l'esercito è disunito e confuso, i sovrani vicini potranno approfittarne per creare facilmente problemi. Questo è il senso del detto: «Un esercito confuso ne conduce un altro alla vittoria».

24 Ci sono cinque circostanze da cui può essere prevista la vittoria.

25 Saper distinguere quando è il momento di dare battaglia, e quando non lo è.

26 Saper stabilire quando si deve usare forze numerose, e quando esigue.

27 Saper creare un esercito compatto, con ufficiali e soldati uniti dallo stesso obiettivo.
28 Saper essere prudenti e attendere le imprudenze del nemico.
29 Disporre di generali esperti e funzionari di corte che non interferiscono.
30 I cinque punti che ho descritto costituiscono il Tao della vittoria.
31 Conosci il nemico e conosci te stesso, in cento battaglie non conoscerai pericolo.
32 Se non conosci il nemico ma conosci solo te stesso, avrai la stessa probabilità di vincere o di perdere.
33 Se non conosci te stesso e non conosci il nemico, in ogni battaglia sarai certamente in grave pericolo.

IV. Lo schieramento

1 I generali esperti dell'antichità prima cercavano di rendersi invincibili, poi aspettavano il momento in cui il nemico poteva essere vinto.
2 L'invincibilità dipende solo da noi, la vulnerabilità del nemico solo da lui.
3 Di conseguenza un abile generale può rendersi invincibile, ma non può rendere vulnerabile il nemico.
4 Per questo si dice: «La vittoria si può prevedere ma non si può attuare con certezza».
5 L'invincibilità dipende dal sapersi difendere; la possibilità di vittoria dal saper attaccare.
6 Ci si deve difendere quando le nostre forze sono insufficienti; si deve attaccare quando le nostre forze sono molto superiori.
7 Gli esperti nell'arte della difesa si occultano come se fossero nelle nove profondità della terra; gli esperti nell'arte dell'attacco si muovono come se venissero dai nove cieli. In questo modo riescono a proteggere se stessi e ottengono la vittoria totale.
8 Prevedere una vittoria che chiunque potrebbe prevedere non è una grande abilità.

9 Vincere in battaglia è visto da tutti come prova di grande abilità, ma non è questa l'abilità. Strappare un pelo d'autunno non richiede forza; distinguere fra il sole e la luna non è difficile all'occhio; sentire il rumore del tuono non è prova di avere un fine udito.

10 Nell'antichità erano ritenuti abili i generali che si limitavano a vincere ma vincevano facilmente.

11 Perciò, le vittorie ottenute da coloro che padroneggiano l'arte della guerra non si distinguono né per la forza né per l'audacia.

12 La loro riuscita in guerra non dipende dalla fortuna. Per vincere basta non commettere errori. "Non commettere errori" vuol dire mettersi in condizione di vincere sicuramente.

13 Perciò, il generale esperto crea situazioni grazie a cui non potrà essere vinto, e non si lascia sfuggire occasione per porre in condizioni di inferiorità il nemico.

14 Così, un esercito vittorioso si è già assicurato la vittoria prima ancora di dare battaglia, un esercito destinato alla sconfitta prima dà battaglia, poi tenta di vincere.

15 Il condottiero esperto nell'arte della guerra coltiva il Tao, agisce in accordo con le sue regole e così facendo ottiene il pieno controllo della vittoria e della sconfitta.

16 Ricorda sempre che gli elementi della strategia militare sono cinque: primo, misurazione dello spazio; secondo, valutazione delle forze; terzo, calcolo numerico; quarto, comparazione; e quinto, probabilità di vittoria.

17 La misurazione dello spazio si deduce dal territorio.

18 La valutazione delle forze si deduce dalle misurazioni, dai calcoli numerici, dalle comparazioni che derivano dai calcoli e dalle probabilità di vittoria che si deducono dalle comparazioni.

19 Di conseguenza, un esercito può definirsi dall'inizio vittorioso se stabilisce un rapporto di cento contro uno, e un esercito può definirsi sconfitto se stabilisce un rapporto di uno contro cento.

20 Un generale vittorioso sa schierare le truppe in modo tale che al suo comando travolgano nel loro impeto qualunque cosa, come l'acqua racchiusa in un serbatoio si riversa impetuosamente verso il basso quando viene rilasciata di colpo.

V. Lo Shih (la forza)

1 Controllare molti è come controllare pochi, basta curare l'organizzazione.

2 Combattere molti è come combattere pochi, è solo una questione di disposizioni.

3 Attaccare il nemico senza essere sconfitti è solo una questione di manovre regolari e irregolari.

4 Lanciare le truppe contro il nemico per schiacciarlo come una macina scagliata su delle uova è una questione di vuoti e di pieni.

5 Si attacca con le manovre regolari, ma si vince con quelle irregolari.

6 Chi sa impiegare abilmente le manovre irregolari ha possibilità infinite come il cielo e la terra, inesauribili come le acque dei grandi fiumi.

7 Giunto al termine ricomincia di nuovo, come il movimento del sole e della luna. Esso muore e rinasce, come le stagioni.

8 Le note musicali non sono più di cinque, ma le loro combinazioni sono così numerose che nessuno può dire di averle udite tutte.

9 I colori fondamentali non sono più di cinque, ma le loro combinazioni sono così tante che nessuno può immaginarle tutte.

10 I sapori sono soltanto cinque, ma le loro mescolanze sono così varie che nessuno può dire di averle gustate tutte.

11 Le possibilità di attacco sono soltanto due: l'attacco frontale e quello laterale di sorpresa, ma le loro combinazioni sono infinite e nessuno può conoscerle tutte.

12 Le due forze si riproducono alternandosi e le loro combinazioni non hanno inizio né fine come gli anelli di una catena. Chi può stabilire dove comincia l'una e dove finisce l'altra?

13 L'acqua del torrente è così impetuosa che scorrendo svelle le rocce.

14 Il falco in picchiata colpisce la preda con tale precisione che ne spezza in due il corpo.

15 Così, chi è abile nell'arte della guerra è assolutamente preciso nell'attacco e fulmineo.

16 La sua forza è paragonabile a quella di una balestra quando è tesa al massimo, il suo tempismo è paragonabile al momento in cui scatta il grilletto.

17 Grande è il tumulto e la battaglia sembra caotica, ma non c'è alcun disordine; le truppe che muovono ordinatamente non conoscono sconfitta.

18 Ciò che sembra confusione in realtà è ordine; ciò che sembra viltà è coraggio; la debolezza è forza.

19 Ordine e disordine dipendono dall'organizzazione; coraggio e viltà dalle circostanze; forza e debolezza dalla disposizione dell'esercito.

20 Il generale esperto nella strategia costringe il nemico a muoversi per primo e ad assumere un certo schieramento. Lo adesca con qualcosa che il nemico non può non prendere e, con l'illusione di un vantaggio, lo attira in un agguato.

21 Dunque il generale esperto prepara la vittoria con la sua autorità. Non si affida ai subordinati.

22 Il generale esperto sceglie i suoi uomini e stabilisce i loro compiti.

23 Il generale esperto sa usare le proprie forze e impiega i propri uomini come se fossero tronchi o pietre da far rotolare. Per loro natura, i tronchi e le pietre restano immobili su un terreno piano, ma in pendenza si muovono. Se la loro forma è squadrata rimangono immobili, se tonda rotolano.

24 Così, l'energia potenziale di un esercito ben guidato si può paragonare a quella di massi che rotolano giù da una montagna alta mille *ren*[2]. Questa è ciò che si definisce *forza*.

VI. Il vuoto e il pieno

1 Chi si attesta per primo sul campo di battaglia e attende il nemico è più fresco; chi invece arriva più tardi e ingaggia battaglia all'ultimo momento è affaticato.

2 Il generale esperto non muove, ma fa in modo che sia il nemico a venire: non lascia che sia lui a condurre l'azione.

2 All'epoca di Sun Tzu, un *ren* corrispondeva a 8 piedi (*chi*).

3 Per indurre il nemico a muoversi, prospettagli un vantaggio. Per scoraggiarlo, fagli temere un danno.
4 Se il nemico è riposato, cerca di stancarlo; se il nemico è ben nutrito, cerca di affamarlo; se è tranquillo, cerca di agitarlo.
5 Fai sortite improvvise in posti dove sarà costretto ad affaticarsi per difendersi; dirigiti rapidamente dove meno se lo aspetta.
6 Se il territorio è sgombro dai nemici, puoi marciare anche per mille *li* senza fatica.
7 Per attaccare con la certezza di vincere, attacca ciò che il nemico non difende. Per mantenere con certezza ciò che difendi, attestati dove il nemico non può attaccare.
8 Il miglior attacco è quello che non fa capire al nemico dove può difendersi. La miglior difesa è quella che non fa capire al nemico dove può attaccare.
9 Sii rapido nelle tue manovre e non lasciare traccia, quasi fossi infinitamente sottile, incredibilmente senza forma, prodigiosamente impercettibile, e il destino del nemico sarà nelle tue mani.
10 L'avanzata irresistibile è quella che si getta nei varchi del nemico. La ritirata inafferrabile è quella che si compie con la massima velocità.
11 Se vuoi ingaggiare battaglia nonostante il nemico sia ben saldo in difesa dietro alti bastioni e profondi fossati, attacca ciò che di sicuro dovrà difendere: così egli dovrà per forza uscire allo scoperto.
12 Se non vuoi ingaggiare battaglia, inganna il nemico con diversivi: così egli non muoverà contro di te neppure se gli fosse indicata la strada sul terreno.
13 Costringi il nemico a schierarsi e tieni contemporaneamente il tuo esercito unito. Così facendo le tue forze saranno concentrate e le sue saranno divise.
14 Se il nemico schiera dieci divisioni separatamente, concentra la tua forza per attaccarne soltanto una per volta. In questo modo, sarai sempre dieci volte superiore a lui.
15 Se disponi di più uomini con cui sconfiggere un nemico che è in chiara inferiorità numerica, puoi ridurre il numero di soldati da impiegare nell'attacco.

16 Se il nemico non è in grado di prevedere quali saranno gli obiettivi del tuo attacco, si preparerà sicuramente disseminando piccoli presidi dappertutto. Essendo questi isolati, ti basteranno poche truppe per attaccarli.

17 Avere un'avanguardia forte significa avere una retroguardia debole, avere una retroguardia debole significa avere un'avanguardia vulnerabile. Essere forti a sinistra significa essere vulnerabili a destra, rafforzarsi a destra significa rimanere carenti a sinistra. Se poi ci si divide si sarà deboli dappertutto.

18 Chi ha poche truppe farà grandi preparativi di difesa; chi ha un forte esercito costringerà il nemico a prepararsi contro di lui.

19 Se conosci il luogo e il momento dello scontro, le tue truppe arriveranno in tempo anche dopo aver marciato per mille *li*. Se non sai né il luogo né il giorno della battaglia, la tua ala sinistra non sarà in grado di soccorrere la destra, né la destra potrà aiutare la sinistra; l'avanguardia non sarà in grado di sostenere le retrovie, né le retrovie di sostenere l'avanguardia, nemmeno nel breve spazio di pochi *li*.

20 Anche se considero numericamente superiori le truppe del regno di Yue, dubito che la loro superiorità possa influire sul risultato. La superiorità numerica non è sinonimo di vittoria certa.

21 Per questo si dice: «La vittoria deve essere predisposta».

22 Se il nemico prevale numericamente, puoi sempre evitare lo scontro.

23 Perciò, cerca di anticipare i suoi piani, e individua i suoi punti di forza e di debolezza: conoscendo questi elementi potrai decidere la strategia più adeguata per avere successo.

24 Disturbalo con sortite improvvise, costringilo a muoversi e studia le azioni che adotta per contrattaccare. Intanto tieni a riposo gran parte delle truppe.

25 Scopri prima di tutto le posizioni del nemico: così potrai identificare quale sia il terreno della vita e quello della morte.

26 Compi azioni limitate e scopri dove il nemico è più scarso, il suo pieno e il suo vuoto.

27 Sii senza forma, affinché le spie più abili non abbiano nulla da

scoprire, né un nemico possa elaborare una strategia contro di te.

28 La più grande abilità sta nel disporre l'esercito in modo tale che appaia senza una forma definita. La tua forma dovrà diventare palese a tutti solo dopo la vittoria. Prima della vittoria, nessuno dovrà capire che forma adotterai.

29 Perciò, la forma che fa conseguire la vittoria non è ben definita, ma muta ogni volta.

30 Un esercito può essere paragonato all'acqua di un fiume, perché proprio come l'acqua di un fiume scende dall'alto e si precipita a valle. Così devono fare le truppe, evitando i punti di forza (il pieno) e concentrandosi sui vuoti.

31 Come l'acqua regola il suo corso in funzione del terreno, così l'esercito avanza e costruisce la vittoria adattandosi al nemico.

32 Come l'acqua non ha corso costante, così la forza non ha forma costante.

33 Perciò, chi è capace di conquistare la vittoria adattandosi continuamente ai mutamenti del nemico, possiede un'abilità superiore.

34 Nessuno dei cinque elementi predomina costantemente sugli altri; nessuna delle quattro stagioni dura in eterno; le giornate sono lunghe oppure brevi; la luna prima cresce e poi cala.

VII. Lo scontro armato

1 In vista della battaglia, dapprima il generale riceve gli ordini dal sovrano, poi mobilita il popolo e raduna l'esercito. Si adopera per armonizzare le truppe e infine stabilisce il luogo in cui accamparsi.

2 Non c'è arte più difficile dello scontro armato.

3 La difficoltà maggiore sta nel rendere vicino ciò che è lontano, e trasformare in vantaggi gli ostacoli.

4 Se saprai disorientare il nemico attirandolo con un'esca in una via traversa, potrai allungargli la strada. In questo modo partirai dopo di lui ma arriverai prima. Questa è la strategia che rende vicino ciò che è lontano.

5 Ricorda che nello scontro armato ci sono sempre vantaggi e svantaggi.

6 Se muovi l'intero esercito pensando solo a un vantaggio, perderai di vista il vantaggio[3] e non otterrai lo scopo.

7 Se affronti lo scontro soltanto con le truppe leggere, perderai tutto il resto.

8 Se insegui un vantaggio e raduni le truppe partendo in velocità con poco equipaggiamento senza fermarti né di giorno né di notte, e avanzi per tratti di cento *li* a una velocità doppia, sicuramente i tuoi tre comandanti saranno catturati, le truppe più fresche arriveranno prima, mentre quelle esauste giungeranno in ritardo. Solo un decimo dell'esercito giungerà a destinazione.

9 Se decidi di fare marce forzate di cinquanta *li*, perderai il comandante dell'avanguardia e solo metà dell'esercito giungerà a destinazione. Se farai una marcia forzata di trenta *li*, arriveranno solamente due terzi dell'esercito.

10 Un esercito che manchi di equipaggiamento, rifornimenti e denaro andrà distrutto.

11 Se non conosci i piani del nemico, non potrai stringere alleanze con i signori vicini.

12 Se non conosci la conformazione delle montagne, le foreste, i passaggi più insidiosi, l'estensione delle paludi piene d'acqua e di quelle piene di melma, non puoi guidare la marcia del tuo esercito.

13 Se non utilizzi guide locali, non potrai sfruttare i vantaggi del territorio.

14 Ricorda sempre che la guerra si fonda sull'inganno. Il movimento nasce dai vantaggi che vuoi ottenere. La capacità di dividere e riunire le tue truppe si fonda sulla situazione che vuoi creare.

15 Quando decidi di muovere, sii rapido come il vento, maestoso come la foresta, avido come il fuoco, incrollabile come la montagna.

16 Impenetrabile come la nebbia, improvviso come il tuono.

[3] Perdendo di vista la visione d'insieme si perderà di vista il vantaggio complessivo e questo quasi sicuramente si tradurrà in una sconfitta [N.d.T.].

17 Ricorda sempre che se saccheggi dividi le tue forze, se conquisti dividi il bottino.

18 Valuta bene le condizioni prima di muoverti.

19 Chi è padrone dell'arte di attaccare frontalmente e lateralmente vincerà. Ciò è il fondamento dello scontro armato.

20 Il libro del Comando dice: in battaglia non è possibile udire la voce, per questo usa tamburi e gong. L'occhio non distingue, per questo usa bandiere e stendardi.

21 Gong e tamburi, bandiere e stendardi servono a concentrare l'attenzione. Se le truppe sono unite, i valorosi non potranno scattare in avanti da soli e i codardi non potranno tirarsi indietro. Questa è l'arte di armonizzare l'esercito.

22 Se lo scontro deve avvenire di notte, usa torce e tamburi. Di giorno, usa stendardi e bandiere. In questo modo, potrai governare la vista e l'udito delle truppe.

23 Ricordati sempre che a un esercito può essere tolto il coraggio e a un generale può essere levato il senno.

24 L'energia al mattino è fresca, a mezzogiorno è stanca, a sera è esaurita.

25 Un abile generale evita chi ha energia fresca e attacca invece chi è stanco e ha esaurito la propria energia. Questa è l'arte di padroneggiare l'energia.

26 Con l'ordine affronta il disordine, con la calma affronta l'irruenza. Questo è avere il controllo del cuore.

27 Attendi il nemico solo se sei ben attestato sul tuo terreno. Attendi con truppe riposate il nemico esausto; attendi con truppe ben nutrite il nemico affamato. Questo significa avere il controllo delle proprie forze.

28 Non affrontare un nemico che avanza coi vessilli bene allineati e non attaccare il nemico schierato in modo imponente. Questo significa avere il controllo delle circostanze.

29 Non affrontare un nemico attestato più in alto. Non contrapporti a un nemico che ha delle alture alle sue spalle.

30 Non inseguire un nemico che finge di fuggire.

31 Non attaccare le sue truppe speciali.

32 Evita di abboccare alle sue esche.

33 Non provocare un esercito che torna a casa.
34 Dopo aver accerchiato il nemico, lasciagli una via di fuga.
35 Non incalzare il nemico se è allo stremo delle forze.
36 Queste sono le regole dello scontro armato.

VIII. Le nove trasformazioni

1 In guerra la norma vuole che il generale prenda ordini dal sovrano e in base a questi assembri il popolo e raduni l'esercito. Ci sono nove fattori che variano secondo le circostanze:
2 Il primo: non attestarti su un terreno difficile.
3 Il secondo: stringi alleanze su un terreno dove è facile stabilire collegamenti.
4 Il terzo: non accamparti in un terreno aperto.
5 Il quarto: cerca di avere più risorse se devi trovarti in un terreno chiuso.
6 Il quinto: in un terreno di morte combatti.
7 Il sesto: ci sono cammini che non vanno seguiti. Il settimo: ci sono eserciti che non vanno attaccati. L'ottavo: ci sono città che non vanno assediate e terreni su cui non si deve affrontare il nemico.
8 Il nono è: vi sono circostanze in cui non si deve ubbidire agli ordini del sovrano.
9 Se un generale comprende a fondo i vantaggi offerti dai nove fattori variabili, è padrone dell'arte della guerra.
10 Se un generale non comprende i vantaggi che può ottenere dai nove fattori variabili, non potrà mai sfruttare il terreno a proprio vantaggio, nemmeno se lo conosce bene.
11 Se un generale non comprende la tattica basata sui nove fattori variabili, non saprà utilizzare al meglio le sue truppe, nemmeno se conosce bene le "cinque variazioni".
12 Per queste ragioni il generale esperto deve considerare nelle sue decisioni i vantaggi insieme ai rischi.
13 Analizzare i vantaggi permette di pianificare. Analizzare gli svantaggi permette di evitare danni.
14 Per frenare il nemico fai leva sul suo timore di un danno. Se

vuoi logorarlo tienilo impegnato. Se vuoi attirarlo fagli intravedere la prospettiva di un vantaggio.

15 Se vuoi confonderlo attua azioni di disturbo.

16 Il generale esperto sfianca il nemico tenendolo costantemente sotto pressione. Lo fa spostare da tutte le parti attirandolo con vantaggi illusori.

17 Non illuderti che il nemico non arrivi, ma tieniti sempre pronto ad affrontarlo. Non illuderti che il nemico non attacchi, piuttosto fa' in modo di essere inattaccabile. Questa è una regola fondamentale dell'arte della guerra.

18 Ci sono cinque qualità pericolose per il carattere di un generale:

19 Se è troppo incosciente può arrivare a essere ucciso.

20 Se si preoccupa troppo per la vita finirà per esser fatto prigioniero.

21 Se è irritabile può essere vittima delle provocazioni.

22 Se tiene troppo al proprio decoro il suo punto debole sono le calunnie.

23 Se è di carattere compassionevole può essere vittima dei sensi di colpa.

24 Queste cinque qualità del carattere per un generale sono difetti. E in guerra sono una vera catastrofe.

25 Il risultato di tali difetti è sempre la rovina dell'esercito e la morte del generale. Pensaci bene.

IX. Le manovre

1 Per accampare le truppe e studiare il nemico, chiudi i passi fra le montagne e attestati a valle.

2 Accampati in un luogo elevato, sul versante esposto al sole.

3 Attacca il nemico scendendo verso il basso. Non attaccare mai in salita.

4 Così si deve muovere l'esercito in montagna.

5 Se fra te e il nemico c'è un fiume, allontanati da esso. Lo scontro non deve avvenire in acqua.

6 Se il nemico attraversa un fiume lascia che metà delle sue truppe lo attraversi, poi attacca.

7 Non affrontare mai il nemico vicino a un fiume. Prendi piuttosto posizione su un terreno più elevato, sotto la luce del sole. Non prendere mai posizione a valle della corrente.
8 Così si deve muovere l'esercito presso un fiume.
9 Non attardarti in un terreno allagato ma allontanatene presto. Se incontri il nemico in mezzo a un terreno allagato, attestati dove il suolo è più solido, facendo in modo di avere sempre gli alberi alle tue spalle.
10 Così si deve muovere l'esercito su terreni allagati.
11 Sugli altopiani, accampati in una zona da cui è facile spostarsi. Fa' in modo di avere le alture alla tua destra e alle spalle e il campo di battaglia di fronte: davanti a te c'è la morte, la salvezza dietro.
12 Così si deve muovere l'esercito sugli altopiani.
13 Sono questi i quattro modi per dare vantaggio al proprio esercito. Utilizzandoli, l'Imperatore Giallo vinse quattro sovrani.
14 In guerra un esercito preferisce lo Yang ed evita lo Yin. Sceglie luoghi che sostengono la vita e si attesta su terreni solidi.
15 Se occupi posizioni sicure e hai cura della salute delle tue truppe, il tuo esercito sarà immune da cento malattie. Un esercito senza malattie è invincibile. Così si dice.
16 In prossimità di colline, dighe o sbarramenti, attestati sempre sul lato esposto al sole, tenendoli alla tua destra o alle tue spalle.
17 Queste sono le regole per ottenere il vantaggio sfruttando la natura del terreno.
18 Se piove a monte del fiume e le acque scendono impetuose, chi vuole guadare deve aspettare che le acque si plachino.
19 Se incontri torrenti impetuosi, avvallamenti, trappole, strapiombi, strettoie e gole, allontanati subito da lì.
20 Tieniti lontano da tutti questi luoghi, ma cerca di attirare lì il nemico. Tenendo questi luoghi di fronte, fa' in modo che il nemico li abbia alle spalle.
21 Se di fianco all'esercito ci sono ostacoli pericolosi, stagni erbosi e canneti, o boschi montani e fitta vegetazione, devi perlustrarli con cura, perché è in luoghi del genere che si tendono imboscate e si celano le spie.

22 Se il nemico è vicino e non muove, significa che ha una posizione favorevole e si sente al sicuro. Se ti incita allo scontro da lontano, significa che vuole attirarti in una trappola. Se si trova su un terreno più facile e si fa vedere, significa che occupa una posizione vantaggiosa.

23 Se i rami degli alberi si muovono, significa che il nemico sta avanzando.

24 Se nel sottobosco trovi molte postazioni, significa che il nemico vuole ingannarti.

25 Se gli uccelli volano via in fretta, significa che il nemico ti sta tendendo un'imboscata. Se gli animali selvatici fuggono, significa che il nemico sta preparando un attacco a sorpresa.

26 Se si alzano colonne di polvere verso il cielo, significa che i carri del nemico si stanno avvicinando. Se la polvere si allarga in una nube bassa, significa che la sua fanteria si sta avvicinando.

27 Se la polvere si alza in punti diversi, significa che il nemico sta raccogliendo legna da ardere. Se le nuvole di polvere sono tante e piccole, significa che il nemico si sta accampando.

28 Se il nemico invia ambasciatori che trattano con umiltà, mentre continua i preparativi, significa che sta per attaccare.

29 Se il nemico invia ambasciatori che trattano in modo falso e arrogante, mentre i suoi attacchi diventano più pressanti, significa che prepara la ritirata.

30 Se gli ambasciatori vengono a fare discorsi concilianti, significa che il nemico desidera una tregua.

31 Se gli ambasciatori, senza che sia stato trattato ancora nulla, offrono improvvisamente la pace, significa che il nemico sta organizzando un complotto.

32 Se i carri leggeri escono per primi e prendono posizione lateralmente, significa che il nemico sta per attaccare.

33 Se le sue truppe marciano compatte e i carri avanzano con grande dispiegamento, significa che il nemico sta aspettando rinforzi.

34 Se metà delle sue truppe avanza e metà indietreggia, significa che il nemico sta cercando di attirarti in un tranello.

35 Se i suoi uomini per reggersi in piedi si appoggiano alle lance, significa che sono affamati.

36 Se i portatori d'acqua bevono per primi, significa che il suo esercito è assetato.
37 Se il nemico vede una posizione vantaggiosa ma non avanza per occuparla, significa che è stremato.
38 Se gli uccelli si raccolgono sul luogo dove è accampato il nemico, significa che l'accampamento è deserto.
39 Se dal nemico vengono clamori notturni, significa che ha paura.
40 Se le sue truppe non sono ben allineate, significa che il generale non ha autorevolezza.
41 Se il nemico agita continuamente vessilli e bandiere, significa che è nello scompiglio.
42 Se i suoi ufficiali sono irati, significa che i soldati sono stanchi.
43 Se il nemico abbatte i cavalli per nutrire i soldati, significa che ha esaurito le scorte di cibo. Se le sue truppe non riappendono più le gamelle né tornano al campo, significa che il nemico è in preda alla disperazione.
44 Se i soldati si riuniscono in capannelli parlottando fra loro e trascurano le consegne, significa che non c'è più fiducia nel generale.
45 Un generale che elargisce ricompense troppo frequentemente ha esaurito tutte le sue risorse. Un generale che commina punizioni troppo frequentemente è in estreme difficoltà.
46 Gli ufficiali che maltrattano la truppa ma poi ne hanno paura sono incapaci di mantenere la disciplina e manifestano il massimo della stupidità.
47 Se il nemico si mostra minaccioso ma non arriva allo scontro e nemmeno si ritira, è meglio analizzare a fondo la situazione.
48 In guerra il vantaggio numerico non rappresenta di per sé un vantaggio. Non contare mai soltanto sul numero.
49 Se vuoi vincere devi invece concentrare prima le tue forze, valutare quelle nemiche, e infine sottometterle.
50 Se attacchi il nemico sottovalutandone la forza e senza strategia, sarai sicuramente fatto prigioniero.
51 Se punisci le truppe leali, diventeranno inaffidabili. Se diventano inaffidabili, saranno difficili da utilizzare.

52 Se non punisci le truppe leali quando è necessario, ugualmente non potrai utilizzarle.
53 Addestra le truppe con saggezza, e concentrale con le virtù marziali: ti avvicinerai alla vittoria.
54 Solo con l'addestramento si può ottenere disciplina. In caso contrario, vi sarà indisciplina.
55 Se il generale sa comandare con saggezza e civiltà, ispira fiducia e viene rispettato. I rapporti tra lui e il suo esercito possono allora dirsi soddisfacenti. In queste condizioni si può parlare di "vittoria certa".
56 I comandanti che hanno come sovrano il bene del popolo sono seguiti; quelli che non rispondono al bene del popolo sono ignorati. Quando c'è armonia fra governanti e sudditi, i vantaggi sono reciproci.

X. La conformazione del terreno

1 Per la loro natura, i diversi tipi di terreno possono essere: accessibili, a trappola, non risolutivi, limitati, accidentati, aperti.
2 Si dice *accessibile* un terreno che può essere attraversato da ogni parte con la stessa facilità. Su tale terreno, accampati per primo più in alto possibile e dove arriva la luce del sole, in modo da favorire anche i rifornimenti, e sarai avvantaggiato.
3 Si dice *a trappola* un terreno in cui è facile avanzare ma difficile retrocedere. Su tale terreno puoi vincere solo contro un nemico impreparato. Ma se il nemico è pronto, non avrai nessun vantaggio, perché non riuscirai a vincere e sarà difficile tornare indietro.
4 Si dice *non risolutivo* un terreno sul quale sia tu sia il nemico non avete alcun vantaggio ad avanzare. Su tale terreno, non uscire allo scoperto nemmeno se il nemico ti offre un vantaggio. Puoi ottenere la vittoria solo se indietreggi invitando le forze nemiche a venire avanti per poi colpirne la metà.
5 Si dice *limitato* un terreno circondato da barriere naturali come le montagne. Su tale terreno, occupa posizione per primo, blocca i passaggi e poi attendi il nemico. Se invece il nemico l'ha oc-

cupato per primo, inseguilo solo se non ha già bloccato tutte le strade.

6 Si dice *accidentato* un terreno scosceso dove è difficile transitare. Se lo occupi per primo, attestati sul lato soleggiato e aspetta il nemico. Se invece il nemico si è attestato per primo, ritirati e invitalo a inseguirti.

7 Si dice *aperto* un terreno in cui la forza dell'attacco è pari per noi e per il nemico. Su questo terreno sfidare allo scontro è rischioso e combattere non è vantaggioso.

8 Queste sei regole costituiscono il Tao della conoscenza dei terreni ed è responsabilità massima del generale conoscerle a fondo e studiarle il più attentamente possibile.

9 Ci sono poi sei comportamenti delle truppe che non possono essere attribuiti a cause naturali ma a errori di comando: fuga, insubordinazione, disunione, dispersione, caos, sconfitta.

10 Se le condizioni sono pari ma gli uomini che impieghiamo sono un decimo di quelli del nemico, il risultato sarà la fuga.

11 Se le truppe sono forti ma gli ufficiali sono deboli, il risultato sarà l'insubordinazione.

12 Se gli ufficiali sono forti ma le truppe sono deboli, il risultato sarà la disunione.

13 Se gli alti ufficiali sono irascibili e incapaci di controllarsi, e al primo contatto affrontano il nemico di loro iniziativa senza valutare le condizioni, oppure se i generali non conoscono le proprie forze, il risultato sarà la dispersione.

14 Se il generale è debole e poco autorevole e i suoi ordini non sono chiari, se gli ufficiali e la truppa non sono coordinati e trascurano l'ordine degli schieramenti, il risultato sarà il caos.

15 Se il generale è incapace di valutare il nemico e invia una piccola forza ad affrontarne una grande, oppure contingenti deboli per contrastare contingenti più forti, o affida incarichi a subalterni, il risultato sarà la sconfitta.

16 Queste sei condizioni costituiscono il Tao della sconfitta. È massima responsabilità del generale analizzarle a fondo.

17 La configurazione del terreno può essere un fattore di grande aiuto. Ma sta al comandante saper giudicare il nemico, calcolare

le distanze e valutare i rischi. Chi ingaggia battaglia conoscendo tutti questi elementi avrà la vittoria. Chi li trascura sarà sconfitto.

18 Se secondo le regole dell'arte della guerra la vittoria è certa, attacca anche se il sovrano ha ordinato di non attaccare. Se secondo le regole dell'arte della guerra la vittoria non è certa, rifiuta di attaccare anche se il sovrano ti ha ordinato di farlo.

19 Così egli avanza senza cercare fama, si ritira senza temere il disonore, cercando di risparmiare i suoi uomini e procurare il massimo vantaggio al suo sovrano.

20 Se un generale ha cura dei suoi uomini come fossero bimbi, essi lo seguiranno anche in fondo all'abisso. Se li tratta come se fossero suoi figli, essi sono pronti a morire per lui.

21 Se un generale è troppo indulgente con le sue truppe non è in grado di utilizzarle, se le ama troppo non sa far rispettare gli ordini; se le truppe sono indisciplinate, ne perderà il controllo: allora diventerà come un padre che vizia i propri figli, e le sue truppe saranno inutilizzabili.

22 Se sa di poter colpire il nemico ma ignora quali siano i suoi punti vulnerabili, le sue possibilità di vittoria sono dimezzate.

23 Se sa dove il nemico è vulnerabile ma ignora quali possibilità ha di batterlo, le sue probabilità di vittoria sono dimezzate.

24 Se sa dove il nemico può essere attaccato e conosce le possibilità di farlo ma non sa valutare i vantaggi e gli svantaggi della conformazione del terreno, le sue probabilità di vittoria sono dimezzate.

25 Un generale che conosce l'arte della guerra se decide di muoversi non commette errori, e se decide di attaccare ha risorse illimitate.

26 Per questo si dice: «Conosci il nemico e conosci te stesso: la tua vittoria non sarà messa a repentaglio. Conosci il terreno e conosci il cielo: la tua vittoria sarà totale».

XI. I nove campi di battaglia

1 Secondo l'arte della guerra, ci sono nove tipi di terreno: dispersivo, di frontiera, conteso, comunicante, di intersezione, impegnativo, difficile, accerchiato e di morte.

2 Quando governi locali si combattono a vicenda, questo terreno si dice *dispersivo*.

3 Quando penetri ma non a fondo in un Paese nemico, questo terreno si dice *di frontiera*.

4 Quando il territorio, una volta conquistato, porterebbe vantaggio sia a te sia al nemico, si dice *conteso*.

5 Quando a un territorio possono accedere con la stessa facilità entrambe le parti, questo terreno si dice *comunicante*.

6 Quando uno Stato è racchiuso fra tre altri Stati che se lo contendono, questo terreno si dice *di intersezione*. Chi per primo ne assume il controllo riuscirà anche a conquistare *Tutto Ciò che Sta Sotto il Cielo*.

7 Quando un esercito è penetrato a fondo sul suolo nemico e si lascia alle spalle città e villaggi, questo terreno si dice *impegnativo*.

8 Quando ci si trova a valicare montagne, attraversare foreste e regioni scoscese, marciare lungo gole, paludi, acquitrini, o in luoghi dove è difficile procedere, questo terreno si dice *difficile*.

9 Quando le vie d'accesso sono disagevoli, quelle di uscita sono tortuose, e dove una piccola forza nemica può batterne una molto più grande, questo terreno si dice *accerchiato*.

10 Quando puoi sopravvivere soltanto combattendo con la forza della disperazione, questo terreno si dice *di morte*.

11 Dunque: su un terreno dispersivo non si combatte. Su un terreno di frontiera non ci si ferma.

12 Se il nemico occupa un terreno conteso non si attacca. Su un terreno comunicante non ci si deve disperdere.

13 Su un terreno di intersezione occorre stringere alleanze con gli Stati vicini. Su un terreno impegnativo si saccheggia.

14 Su un terreno difficile si procede più in fretta possibile. Su un terreno accerchiato occorre inventare stratagemmi. Su un terreno di morte occorre combattere.

15 Su un terreno dispersivo fa' che l'esercito sia concentrato.

16 Su un terreno di frontiera rinsalda i collegamenti fra tutte le forze.

17 Su un terreno conteso controlla che la retroguardia stia sempre al passo.
18 Su un terreno comunicante organizza meglio le difese.
19 Su un terreno di intersezione stringi alleanze.
20 Su un terreno impegnativo fa' in modo che i rifornimenti arrivino regolarmente.
21 Su un terreno difficile transita il più velocemente possibile.
22 Su un terreno accerchiato blocca tutte le entrate e le uscite possibili.
23 Su un terreno di morte, spiega chiaramente ai soldati che non ci sono vie di scampo e sapranno obbedire ciecamente anche se non c'è speranza, resistere all'accerchiamento e combattere fino alla morte.
24 Il generale esperto analizza con grande attenzione tutte le scelte strategiche che si possono adottare nei nove terreni, i vantaggi che possono venire spiegando le forze in modo compatto o distanziando i contingenti, e tutte le altre considerazioni in merito alla natura del territorio.
25 I generali dell'antichità che avevano fama di grandi strateghi impedivano alle avanguardie del nemico di restare in contatto con le retroguardie; impedivano ai grandi contingenti di coordinarsi con i contingenti minori; alle truppe forti di soccorrere quelle deboli; e ostacolavano il mutuo soccorso fra le truppe superiori e quelle subordinate.
26 Quando il nemico si disperdeva, sapevano gettarlo nello scompiglio.
27 Schieravano le truppe e avanzavano solo quando era vantaggioso farlo; quando non lo era, si arrestavano.
28 Se qualcuno avesse chiesto loro: «Come si fronteggia l'avanzata di un nemico bene ordinato?», avrebbero risposto: «Cattura prima di tutto qualcosa che gli sia caro e sarà pronto a trattare».
29 In guerra è essenziale la velocità. Essa consente di avvantaggiarsi sull'impreparazione del nemico, giungendo da direzioni imprevedibili e colpendolo dove non è preparato.
30 Il Tao di chi invade si basa sui seguenti princìpi: se si penetra a

fondo in territorio nemico, occorre restare uniti fino a quando chi lo difende non possa più battersi.

31 Saccheggia le campagne fertili per rifornire il tuo esercito e fa' in modo che le truppe siano sempre ben nutrite e non affaticate.

32 Non affaticare le truppe, preserva la loro salute, risparmia le loro energie, accumula le forze. Muovi l'esercito secondo una strategia che nessuno può comprendere.

33 Se porti i tuoi uomini in posizioni senza via d'uscita, non fuggiranno nemmeno di fronte alla morte certa. È in situazioni come questa che gli ufficiali e i soldati danno il meglio di sé. Se togli loro le vie di fuga, difenderanno il terreno strenuamente; se li impegni a fondo, si batteranno fino in fondo; se non hanno alternative, si getteranno nella mischia senza esitare.

34 In circostanze come queste le truppe restano all'erta senza bisogno di essere sollecitate; mantengono la posizione senza bisogno di schierarle; restano compatte senza doverle unire; mantengono la disciplina senza bisogno di comandarle.

35 I miei ufficiali non hanno ricchezze in eccesso, benché non disdegnino i beni materiali; non si aspettano di vivere a lungo, e non certo perché disdegnino la vita.

36 Il giorno in cui si riceve l'ordine di partire, le lacrime scendono a bagnare il colletto dei soldati che stanno seduti e solcano le guance di quelli che stanno distesi.

37 Poni le tue truppe in una situazione senza vie di scampo e daranno sicuramente prova di coraggio immortale, come fecero Chuan Chu e Kao Kuei.

38 Il generale che sa impiegare meglio l'esercito è come il serpente *shuairan* che sta sul monte Chang: se lo colpisci alla testa, attacca con la coda; se lo colpisci alla coda, attacca con la testa; se lo colpisci a metà, attacca con entrambi.

39 Se mi chiedessero: «L'esercito è capace di muoversi rapido come una vipera?», risponderei: «Sì, è capace». Perché se gli abitanti dei regni di Wu e Yue, che si odiano l'un l'altro, si trovassero insieme sulla stessa barca in mezzo alla tempesta, si aiuterebbero reciprocamente come fa la mano destra con la sinistra.

40 Per sentirsi al sicuro non basta imbrigliare i cavalli e interrare le ruote dei carri.

41 Concentrare gli uomini e armonizzare il loro spirito: è questo il Tao dell'organizzazione. La vittoria si ottiene impiegando sapientemente le forze frontali e quelle laterali e sfruttando la conoscenza del terreno.

42 Il generale esperto fa del suo esercito un tutto armonico. In questo modo, comandare molti uomini è come comandarne uno.

43 Il dovere di un generale è quello di mantenersi sereno e imperscrutabile, imparziale e determinato.

44 Egli deve lasciare gli ufficiali e la truppa all'oscuro dei piani che ha in mente.

45 Abolisci la divinazione e le superstizioni e libera l'esercito dalle incertezze. Non avendo altri pensieri non temeranno nemmeno la morte.

46 Modifica i tuoi piani così segretamente che nessuno riesca a sapere che cosa hai intenzione di fare.

47 Modifica la tua posizione e scegli strade inconsuete per impedire al nemico di prevedere le tue mosse.

48 Nel momento in cui decide di avanzare, il generale fa come chi butta via la scala dopo essere salito.

49 Fa penetrare il suo esercito in profondità nel territorio nemico come una freccia scagliata dalla balestra.

50 Fa bruciare le barche e fa distruggere le marmitte. Spinge in avanti gli uomini come un gregge di pecore, in modo che nessuno immagini dove va.

51 Il compito del generale è di organizzare le truppe e guidarle dov'è il pericolo. Egli esamina le opportunità offerte dai nove terreni, i vantaggi di avanzata e ritirata e i sentimenti degli uomini.

52 Se ignori le intenzioni degli Stati vicini, non puoi organizzare alleanze. Se non conosci la natura dei monti, dei boschi, delle gole più pericolose, degli acquitrini e delle paludi, non puoi guidare l'avanzata di un esercito. Se non impieghi guide locali, non puoi trarre vantaggio dal territorio. Ignorare anche una sola

di queste tre cose significa non essere in grado di comandare l'esercito.

53 Quando un generale esperto attacca un grande Stato, impedisce che le sue truppe si uniscano. Terrorizzando il nemico, egli impedisce agli alleati di riunirsi.

54 Perciò, se non stringi alleanze e non consolidi il tuo dominio ma ti limiti a minacciare i nemici, il tuo Stato sarà vulnerabile.

55 Corrompi le forze più fedeli al nemico con denaro, doni, promesse. Incrina la fiducia che ripone nei suoi ufficiali facendo in modo che i migliori di essi compiano azioni vergognose e riprovevoli, per poi divulgarle.

56 Stringi patti segreti con gli elementi meno raccomandabili tra le schiere nemiche e cerca di avere dalla tua parte un numero sempre maggiore di questi elementi.

57 Crea disarmonie[4] nello Stato nemico, semina discordia fra i capi, provoca indisciplina, scatena il malcontento impedendo l'arrivo di viveri e provviste.

58 Manda ai nemici giovani donne che li indeboliscano, intenerisci il loro animo con dei musici.

59 Movimenta continuamente le truppe in modo tale che il nemico non capisca più cosa succede fra le tue fila.

60 Fai giungere falsi allarmi e false informazioni al nemico; porta dalla tua parte gli amministratori delle province nemiche. Ecco ciò che è necessario fare con abilità e astuzia per creare difficoltà al nemico.

61 Concedi ricompense senza seguire le regole. Emana ordini senza seguire gli schemi.

62 Guida l'esercito come se fosse un solo uomo. Conducilo verso

4 Sun Tzu ricorda qui che si possono creare "sei disarmonie" per rompere la stabilità sociale. Esse si realizzano quando:

1) i plebei contestano i nobili;
2) i giovani prevaricano sugli anziani;
3) i parenti lontani si intromettono fra i parenti vicini;
4) nuovi amici si frappongono tra vecchi amici;
5) i piccoli soverchiano i grandi;
6) i disonesti rovinano gli onesti.

l'obiettivo senza discuterne e verso la prospettiva di guadagni senza esporre i rischi.

63 Metti i tuoi uomini di fronte alla disfatta e sopravvivranno. Portali su un terreno di morte e vivranno. È solo di fronte al massimo pericolo che si trova la forza di vincere.

64 Ricorda sempre che la cosa più complicata nelle operazioni militari sta nel conformare la propria strategia alle intenzioni del nemico.

65 Concentrati sul nemico e potrai ucciderne il generale anche da una distanza di mille *li*. Questo è ciò che significa "avere l'ingegno per vincere".

66 Se dichiari guerra, chiudi i valichi, rompi le tavolette[5], respingi gli ambasciatori del nemico. Solo il comando può prendere decisioni.

67 Se il nemico apre un varco, cogli subito l'occasione a tuo vantaggio. Occupa prima di lui un suo obiettivo.

68 L'arte della guerra consiste nel tenere costantemente sotto controllo il nemico, per poter scegliere sempre la strategia più adatta.

69 Dapprima mostrati timido come una fanciulla, così il nemico aprirà uno spiraglio. Poi sii veloce come una lepre e nessuno riuscirà a resisterti.

XII. L'attacco col fuoco

1 Ci sono cinque tipi di attacco col fuoco: contro le persone, contro i magazzini, contro gli equipaggiamenti, contro gli accampamenti e contro gli arsenali.

2 Se nell'attacco vuoi utilizzare il fuoco, devi dotarti dei mezzi adeguati e aspettare un clima secco e ventoso.

3 Gli strumenti necessari per l'attacco col fuoco devono essere sempre pronti e disponibili.

4 C'è un solo clima adatto e quattro giorni più propizi per poter attaccare col fuoco.

5 Per "clima" si intende il periodo dell'anno in cui il caldo è più

5 Sorta di lasciapassare in terracotta.

torrido; per "giorni" s'intende quando la luna è in Sagittario o nella costellazione di Ji, Bi, Yi e Chen, poiché in occasione di queste stazioni i giorni diventano ventosi.

6 Negli attacchi col fuoco possono verificarsi cinque mutamenti di situazione ed è necessario sapersi adattare a essi.

7 Se il fuoco divampa dall'interno del campo nemico, attacca subito dall'esterno. Nel caso in cui le truppe nemiche non si scompongono, aspetta il momento opportuno prima di attaccare.

8 Se il fuoco raggiunge la massima altezza, attacca se ce n'è l'opportunità. Altrimenti, fermati.

9 Se appicchi il fuoco dall'esterno del campo nemico, non serve attendere che le fiamme raggiungano l'accampamento. L'essenziale è il tempismo.

10 Se il fuoco si sviluppa sopravento, non attaccare sottovento.

11 Se il vento soffia a lungo durante il giorno, la notte si placherà.

12 Ricorda sempre che l'esercito deve conoscere questi cinque mutamenti, e in base a questi essere in grado di cogliere l'occasione opportuna.

13 Colui che usa il fuoco per sostenere il proprio attacco è sagace; colui che usa le inondazioni è potente.

14 L'acqua può circondare il nemico, ma non distruggerlo.

15 Ricorda sempre che vincere gli scontri e conquistare gli obiettivi senza poi sfruttarne i risultati è un fatto molto nefasto, e può essere definito "disastrosa trascuratezza".

16 Se non concedi un giusto premio ai tuoi soldati dopo una battaglia vinta o un assedio concluso con successo, avrai una perdita di credibilità e verrai considerato avaro.

17 Da qui il detto: «I sovrani illuminati elaborano i piani, e i buoni generali li realizzano».

18 Agisci soltanto nell'interesse dello Stato. Se non sei del tutto sicuro di vincere, non muovere. Se non sei in pericolo, non combattere.

19 Un sovrano non può raccogliere l'esercito soltanto perché è mosso dalla collera, né un generale può combattere soltanto perché mosso dal risentimento. Infatti, mentre un uomo in collera può calmarsi e un uomo risentito può tornare sereno, uno

Stato una volta distrutto non può essere ripristinato, né i morti possono tornare in vita.

20 Dunque, il sovrano illuminato è paziente e il buon generale avveduto. È questo il modo migliore per mantenere lo Stato in pace e l'esercito integro.

XIII. Lo spionaggio

1 Ricorda sempre che quando si mobilita un esercito di centomila uomini e lo si invia a mille *li* di distanza, le spese che graveranno sul popolo ammonteranno a mille pezzi d'oro al giorno. Ne nascerà un grande malcontento, sia dentro lo Stato sia all'esterno; il popolo sarà sfiancato dalle imposte, e settecentomila famiglie andranno in dissesto.

2 Combattere per anni senza procurarsi informazioni sul nemico per risparmiare sui compensi di agenti segreti abili è dunque criminale; agire in questo modo è indegno di un generale, di un consigliere del sovrano, di chiunque voglia ottenere la vittoria.

3 Ciò che distingue un principe illuminato e un abile generale dalla massa e permette loro di sottomettere il nemico e conseguire risultati straordinari è la loro capacità di previsione.

4 Ma la capacità di previsione non è un dono degli déi, né si ottiene confrontando gli eventi e verificando i calcoli. Si ottiene impiegando uomini capaci di fornire le informazioni.

5 Ci sono cinque tipi di spie: la spia locale, la spia infiltrata, la doppia spia, la spia da sacrificare e la spia destinata a sopravvivere.

6 Quando questi cinque tipi di spie lavorano in modo coordinato, e nessuno riesce a scoprirne l'azione, costituiscono la "rete divina" e formano il tesoro di un sovrano.

7 Le *spie locali* sono reclutate nel territorio del nemico.

8 Le *spie infiltrate* sono reclutate tra i funzionari del nemico.

9 Le *doppie spie* sono spie nemiche reclutate da noi.

10 Le *spie da sacrificare* sono nostre spie cui sono state date false informazioni che poi confesseranno una volta cadute in mano al nemico.

11 Le *spie destinate a sopravvivere* sono quelle che riescono a tornare indietro recando informazioni.

12 Fra coloro che hanno rapporti più stretti con i comandanti, nessuno è più intimo delle spie. Fra tutte le ricompense che i generali riconoscono ai soldati, le più ricche sono quelle riservate alle spie. Nulla è più segreto delle operazioni segrete.

13 Chi non è profondamente saggio, umano e giusto non può utilizzare le spie. Chi è privo di intelligenza non le sa utilizzare.

14 Non c'è circostanza in cui lo spionaggio non si possa usare.

15 Se i piani delle operazioni di spionaggio vengono rivelati, l'agente che ha parlato e i suoi referenti si sono condannati a morte da soli.

16 Se si deve attaccare un esercito, dare assedio a una città fortificata e uccidere una persona, occorre conoscere il nome proprio e di famiglia del generale, dei suoi amici più stretti, del suo assistente, degli uomini della sua scorta e degli attendenti.

17 È necessario individuare gli agenti inviati dal nemico per spiarci e tentare di comprarli perché passino al nostro servizio. Occorre affidare loro istruzioni opportune e seguirne con cura il comportamento. È in questo modo che si reclutano gli agenti doppi.

18 È grazie alle doppie spie, alle loro informazioni e ai loro consigli che vengono reclutati e impiegati gli agenti locali e gli agenti infiltrati.

19 È sempre grazie alle doppie spie che la spia da sacrificare, fornita di false informazioni, viene inviata al nemico per rivelargliele.

20 È ancora grazie alle doppie spie che al momento opportuno si possono utilizzare le spie destinate a sopravvivere.

21 Il generale deve essere sempre perfettamente al corrente delle attività di questi cinque tipi di spia, conoscenza che gli viene fornita dalle doppie spie. Per questo deve trattarli con la massima generosità.

22 Anticamente, la dinastia Yin crebbe grazie a Yi Chi, che aveva

prima servito la dinastia Hsia; i Chou andarono al potere grazie a Lu Wang Yu, funzionario degli Yin.

23 Perciò, se il sovrano illuminato e il saggio generale sanno utilizzare come spie gli uomini più intelligenti, possono essere certi della vittoria. Le operazioni segrete sono essenziali per la guerra; a queste ci si deve affidare sempre prima di muoversi.

Indice

1
Perché abbiamo ancora bisogno di leggere *L'arte della guerra*

2
L'arte della guerra con se stessi

3

L'ARTE DELLA GUERRA CON GLI ALTRI

4

L'ARTE DELLA GUERRA NEL LAVORO

5

L'ARTE DELLA GUERRA IN AMORE

Stampato presso ELCOGRAF S.p.A. - Stabilimento di Cles (TN)